KB200159

신이
내 마음에
노크할 때

신이
내 마음에
노크할 때

지은이 | 정우현
초판 발행 | 2017. 6. 19

등록번호 | 제1988-000080호
등록된 곳 | 서울특별시 용산구 서빙고로 65길 38
발행처 | 사단법인 두란노서원
영업부 | 2078-3352 FAX | 080-749-3705
출판부 | 2078-3331

책값은 뒤표지에 있습니다.
ISBN 978-89-531-2872-9 03230

독자의 의견을 기다립니다.
tpress@duranno.com www.duranno.com

* 이 책에 사용된 성경은 개역개정임을 밝힙니다.

두란노서원은 바울 사도가 3차 전도여행 때 에베소에서 성령 받은 제자들을 따로 세워 하나님의 말씀으로 양육
하던 장소입니다. 사도행전 19장 8-20절의 정신에 따라 첫째 목회자를 돕는 사역과 평신도를 훈련시키는 사역,
둘째 세계선교(TIM)와 문서선교 (단행본·잡지) 사역, 셋째 예수문화 및 경배와 찬양 사역, 그리고 가정·상담 사역 등을
감당하고 있습니다. 1980년 12월 22일에 창립된 두란노서원은 주님 오실 때까지 이 사역들을 계속할 것입니다.

신이
내 마음에
노크할 때

정우현 지음

두란노

이동원 목사
지구촌교회 원로, 국제 코스타 이사장

우리는 지금 포스트모던 시대, 모든 가치가 상대화된 신 부재의 시대를 살아가고 있습니다. 이런 시대에 그리스도인은 이웃에게 신을 증명하는 근거를 상실했고, 믿지 않는 이웃은 그리스도인들의 전도를 불편해합니다.

'과연 아직도 우리가 사는 시대에 신에 대한 탐구가 필요할까?' 정우현 교수님은 쉽지 않은 이 질문에 대한 답을 찾고자 했습니다.

오래된 변증학의 질문을 우리 시대의 언어로 다시 묻고, 단순한 논쟁이 아니라 자상한 대화를 시도했습니다. 그래서 이 책은 믿지 않는 이웃과 마음을 열고 대화하기에 좋은 근거를 제공합니다.

이 책으로 믿지 않는 이들과 오손도손 구도의 대화를 나누면 어떨까요? 믿지 않는 이웃이 알아야 할 가장 중요한 진리는 '신은 사랑이다'라는 사실입니다. 저자는 이 진리를 무리하게 설득하지 않고 자상하게 질문하며 이끌어 갑니다. 상담학자다운 접근으로 21세기를 살아가는 이웃에게 하나님을 소개합니다.

그래서 이 책은 전도용 성경 공부 교재로 손색이 없습니다. 목회자들의 전도 설교에도 효용성이 높은 자료를 제공합니다. 삶의 목적을 상실하고 방황하는 이 시대 모든 이에게 이 책을 추천합니다. 이웃에게 하나님의 사랑을 전하고자 하는 이들에게도 권합니다.

요한은 오래전에 "하나님은 사랑이시라"고 증거했습니다. 그 선언이 아직도 유효한 이유를 찾아 복음을 전하고자 한다면 저자와 함께 구도의 여정에 오르기를 권합니다.

김만풍 목사
아노덴연구소 대표

이 책을 읽으면서 신선한 감동과 도전을 받았고 주님께 감사와 영광을 돌립니다. 이 책을 통해 느낀 점 몇 가지를 함께 나누고자 합니다.

첫째, 논리정연하고 간결명료합니다. 전체적으로 주제와 각 항목의 제목과 설명이 일치하고 논리정연하며 간결하고 명료해서 정확한 개념을 쉽게 파악할 수 있습니다. 물 흐르듯 막힘없이 자연스럽게 진행되어 한 번 읽으면 부담 없이 끝까지 일독을 할 수 있습니다.

둘째, 현실 속의 관심사에 초점을 맞추고 있습니다. 논리의 근거와 이론 체계를 분명히 유지하면서도 현실 속의 관심사와 관련된

예화나 자료를 적절하게 연결시켜 탐독의 동기를 부여해 줍니다.

셋째, 성서 신학과 상담의 원리가 조화를 이룹니다. 저자의 학문적 배경과 실천적 경험에서 나온 성서 신학과 상담의 원리가 조화를 이루어 독자가 편안하게 실천적 적용을 이끌어낼 수 있습니다.

넷째, 절실한 영적 필요를 터치하고 있습니다. 우리의 삶에서 피할 수 없는, 절실한 영적 필요를 터치하고 있습니다. 신과 인간의 존재, 속성, 관계, 목적, 가치에 관한 주제를 인생의 현실적 필요라는 관점에서 매우 적절하고 설득력 있게 다루고 있습니다.

다섯째, 전도자와 구도자의 필요를 동시에 채워 줍니다. 영혼을 건지는 일에 사명을 가진 전도자와 영혼 구원에 관심을 갖는 구도자가 모두 필요한 것은 복음의 내용을 정확하게 이해하는 것입니다. 그래야 전도자는 복음을 효과적으로 전하고 구도자는 그것을 믿고 받아들이는 데 이를 수 있습니다. 이 책은 그 두 가지 필요를 동시에 채워 줍니다.

이처럼 실제적이며 효과적인 통찰력과 지혜를 전달해 주신 정우현 교수에게 축하와 감사를 드립니다. 개인적인 양서뿐 아니라 제자 훈련의 교재 및 전도용 책자로도 사용될 수 있기에 일독을 강력하게 추천합니다.

에버렛 워딩턴 Everett Worthington

버지니아 커먼웰스 대학교 심리학 교수, 《용서와 화해》의 저자

정우현 박사가 사람들이 하나님의 본성, 인간의 본성, 하나님과 인간의 관계에 대해 고민하는 데 도움이 되는 책을 저술했습니다. 정교수는 평신도가 고려할 수 있는 신학의 중대한 질문들에 대해 체계적으로 고민하도록 독자를 인도합니다. 이 책은 신앙의 중요한 주제들에 대해 실제적인 고민을 하도록 돕는 책입니다.

페르난도 가죤 Fernando Garzon

리버티 대학교 심리학 교수

우리는 삶에 대한 가장 중요한 질문들에 어떻게 답하고 있습니까? 정우현 박사는 이 책을 통해 다양한 문화와 종교적 견해로 가득 찬 세상에서 사람들의 질문에 의미 있는 답을 제시하고 있습니다.

미국 버지니아텍 대학교 한인 기독교 학생 모임(블랙스버그 한인침례
교회)에서 임시 강의를 맡은 적이 있다. 어느 날 학생들이 무신론자
한 사람을 소개해 주었다. 그는 나와 신의 존재에 대해 이야기를 나
누고 싶어 했고 대화의 자리가 마련되었다. 마침 그때 나는 이 책의
뼈대를 구상하며 신의 존재와 인간의 행복이 어떤 관계가 있는지,
흩어져 있는 생각들을 정리하는 중이었다. 간단하게 인사를 나눈
후 그에게 무슨 마음으로 그 모임에 오게 되었는지를 물었다. 그러
자 그는 이렇게 답했다.

"저는 신이 없다고 생각합니다. 하지만 신이 있다고 생각하는 분
과 대화를 나누는 것도 괜찮을 것 같아서 왔습니다."

나는 말했다.

"우리에게 선택 사항은 딱 두 가지인 것 같습니다. '신이 있다' 또
는 '신이 없다'입니다. 그래서 '신이 있다면 어떨까'와 '신이 없다면
어떨까'를 생각해 볼 필요가 있을 것 같습니다. 저는 '신이 있다면
어떨까'에 대해 이야기를 나누고 싶습니다. 어떻습니까?"

그날 우리 두 사람은 '만약 신이 있다면'이라는 가정하에 여러 질
문에 대한 답을 함께 탐구했다. '신이 있는가?', '신이 있다면 어떤
존재인가?', '신의 존재 목적은 무엇이고 그것이 내 인생과 무슨 상

관이 있는가?', '인생의 목적은 내가 만드는 것일까, 아니면 이미 만들어져 있는 것일까?', '인생은 왜 고통의 연속일까?', '무엇을 추구하며 살아야 인간다운 것일까?', '인간답다는 말은 무엇을 기준으로 판단하는가?', '고통의 문제는 과연 의미가 있는가?', '우리는 인생의 문제를 왜 문제라고 인식하는가?', '문제는 해결되어야 하는가?', '해결책은 있는가?', '신이 인간을 만들었다면 인생 문제의 해결책 역시 신이 만들어 놓지 않았을까?'

그 대화는 준비하던 책의 방향을 명확하게 만드는 계기가 되었다. 이 책이 신의 존재를 믿지는 않지만 '신과 내가 무슨 상관일까?'라는 질문을 갖는 사람들에게 조금이라도 도움이 되기를 기대한다. 이 질문에 대해 어느 정도 답을 찾은 사람들은 그렇지 않은 이들과 대화하며 이 책을 유용한 접촉점으로 사용해 주기를 바란다.

앞서 나온 질문에 대한 답을 찾기 위해 책을 다음과 같이 구성했다. 만약 신이 있다면 신은 우주를 창조한 존재이며 절대적으로 자기중심적이고 동시에 절대 선의 근본이라는 점을 전제한다. 또한 신은 인격적 존재로서 자신을 닮도록 인간을 창조했지만, 신이 창조한 인격인 반면, 인간은 창조된 인격이라는 거대한 차이가 있음을 밝힌다. 인간은 제한적이지만 자유의지를 타고났다는 점에서 다른 피조물과 대조되는 인격적 존재이다. 따라서 신도 아니고 자연도 아닌 인간의 독특성이 고통의 문제를 필연적으로 수반한다는 점을 다룬다. 고통의 문제는 언제나 '왜?'라는 질문을 갖게 한다. 왜 고통이 있어야 하는지, 왜 고통에서 완전히 벗어날 수 없는지, 왜 고통스런 삶이라도 살아야 하는지, 왜 신은 인생을 만들었는지 등 우리가 인간으로서 한 번쯤 하게 되는 고민에 대해 나누고자 한다.

요점은 이렇다. 신은 완전해야 한다. 신이 계획한 일은 더할 것도 없고 뺄 것도 없이 모든 것이 완벽하다. 따라서 신의 창조에는 반드시 목적이 있다. 그 목적은 꼭 이루어진다. 신은 스스로 만족하여 어떤 부족함도 없기 때문에 인간을 만든 목적이 신의 부족함을 채우기 위한 것은 아니다. 신의 목적은 신 자신이다. 선과 의이며 사랑이다. 그러므로 인간의 존재 목적도 사랑이어야 한다. 인간의 고통도 사랑을 위해 존재해야 한다. 고통 없이 사랑은 존재하지 않는다. 사랑은 고통을 감수하더라도 추구해야 할 절대적 가치를 지닌다. 고통도 없고, 사랑도 없는 상황보다 고통을 수반하더라도 사랑하는 것이 더 낫다. 인간은 한 그루 나무처럼 타락의 위험이 전혀 없는 안전한 존재가 아니다. 그렇지만 사랑할 수 있는 의미 있는 존재다. 인간은 인격을 가지고 있어서 신의 사랑을 경험할 수 있는 특권을 갖고 있다. 신은 사랑이고 타락한 인류를 회복시키기 때문에 인간은 회복될 수 있는 유일한 존재다.

각 장마다 독자들의 토론을 돕기 위한 몇 가지 질문을 제공한다. 장별로 나온 '토론 가이드'를 이용하여 개인이나 일대일 또는 그룹이 함께 대화하기를 권한다.

어떤 영화의 한 장면이 떠오른다. 비행기가 사막에 불시착하여 표류하던 남자들이 부서진 비행기 조각들을 모아서 비행 물체를 만들었지만 과연 잘 날 수 있을지 고민한다. 그러나 그 순간 폭풍이 불어 비행 물체가 공중으로 떴고, 그것을 본 그들은 그 죽음의 사막으로부터 빠져나갈 수 있다는 확신을 갖게 된다. 얼마 후 그들은 목숨을 건 비행 끝에 사막을 기적적으로 벗어날 수 있었다. 그들이 비행 물체가 '과연 작동할까' 고민한 것처럼, 지금까지 나는 이 책이 과연 메시지를 잘 전달할 수 있을지, 신과 인생의 관련성에 대한 여러 질문에 대해 적절히 잘 답할 수 있을지 고민해 왔다. 이제 실제로 삶의 의미에 대해 고민하며 씨름하고 있는 모든 이에게 이 책이 도움이 되기를 간절히 소망한다.

무릎으로 믿음의 가정을 지켜 주신 어머니 최영숙 권사님께 감사한다. 원고 작성의 첫 단계부터 독자의 눈으로 조언하고 교정 작업에 동참해 준 아내 임상경과 언제나 신비스러운 영감을 주는 다섯 아이 규원, 규민, 규은, 규한, 규현이에게 고마움을 전한다.

또한 교정 작업에 동참해 주신 홍기자 조교님과 두란노서원의 수고에 심심한 감사를 표한다.

정우현

알고 싶지만
믿어지지 않는 신

오랫동안 아인슈타인과 같은 천재 물리학자들은 보통 사람보다 뛰어난 두뇌로 우주의 시작을 알기 위해 연구했다. 아인슈타인은 '상대성 이론'으로 우주를 설명하려 했고, 스티븐 호킹은 그가 생각하는 시간의 역사를 '빅뱅 이론'으로 설명하고자 했다. 그러나 많은 사람이 복잡한 방정식을 심도 있게 계산했음에도 시간의 시작은 아직 완전한 답을 찾지 못했다. 결국 인간은 한계를 통해 우주의 시작을 알기 위해서는 신의 도움을 받을 수밖에 없음을 인정하게 되었다(고전 1:21).

시간의 시작을 연구하는 것은 곧 신에 대한 연구다. 인간이 존재할 때는 이미 시간이 시작된 이후이기 때문에 시간을 만든 존재의 도움이 반드시 필요하다. 시간을 만든 존재를 우리는 신(God)이라고 부른다. 따라서 신에 대한 호기심을 발휘하는 것이 우리가 왜 사는지를 알 수 있는 최선의 첫걸음이다.

인터넷을 이용하려면 웹 주소를 정확히 입력해야만 한다. 글자 하나만 잘못 입력해도 완전히 다른 웹 사이트가 열리기 때문이다. 인간이 신을 이해하는 방법도 마찬가지다. 신이 어떤 존재인지 이해하기 위해서는 신의 속성을 잘 따져 보아야 한다. 신은 눈에 보이지 않는 고차원의 존재라 인간이 정확히 알기 어렵다. 정확하기는커녕 비슷하게라도 알 수 있으면 대단한 일이다. 신에 대한 아주 작은 오해는 그것이 사소한 것이라도 결국 큰 오류를 만들 수 있기 때문이다.

신이라는 존재는 형이상학적이며 고차원의 존재이기 때문에 인간은 신을 오해할 가능성이 많다. 그러므로 신에 대해 알려면 권위 있는 자료와 일관성 있는 논리적 접근이 필요하다. 물론 인간의 논리는 제한적이다. 아무리 논리적이어도 한 개인의 논리로는 신을 이해하기가 어렵다.

하지만 인간의 지성에 한계가 있음을 인정하면서도 비교적 치밀한 논리적 접근은 어느 정도 쓸모가 있다. 인간은 적어도 신을 이해하기 위한 지적 능력만으로는 만물 중 으뜸이기 때문이다. 그러나 신에 대한 호기심을 갖기 전에는 누구도 그 지성을 충분히 발휘할 수 없다. 아무리 빠른 스포츠카도 서울 시내 도로에서 그 차의 최고 스피드를 발휘할 수 없는 것과 마찬가지다.

인간은 신에 대한 호기심을 가져야 자신이 가진

지성을 제대로 발휘할 수 있다. 인간은 누구나 지성을 가지고 있다. 아이큐 200의 천재들만 지성을 소유한다면 신은 천재들을 위해서만 존재할 것이다. 하지만 신은 모두의 신이어야 진짜 신이라고 할 수 있을 것이다.

1.
호기심은 신을 향한
영혼의 첫걸음이다

아무리 무신론자라도 살면서 한 번쯤 '만약 신이 있
다면 어떨까?'라는 질문을 던져 보았을 것이다. 신에 대한 호기심
을 갖는 것은 자신의 지성을 최대로 발휘할 수 있는 매우 유용한 방
법이다. 호기심은 논리력을 높이기 때문이다.

호기심은 지성의 에피타이저다. 또한 논리력을 자극하는 각성제
역할을 한다. 질문을 만들고 그 질문이 사고의 틀을 주조한다. '누
가, 무엇을, 언제, 어디서, 어떻게, 왜?'라는 질문은 생각을 주도한
다. 어떤 대상이나 문제에 대해 이 육하원칙 중 하나라도 답을 얻을
수 있다면 나머지에 대한 답을 얻는 것은 쉬워진다.

생각하는 개미가 있고 그 개미가 코끼리에 대해 알고 싶어 한다
고 해보자. 개미가 코끼리에 대해 호기심을 갖기 시작하면, 코끼리
의 발을 더듬으며 '이게 뭐지?'라는 질문을 할 것이다. 코끼리가 움
직이면 개미는 '어, 움직이는 것이네'라는 단서를 얻을 것이다. 하
지만 '이게 뭐지?'라는 질문이 없었다면 코끼리의 움직임은 개미
에게 아무 의미가 없다. 질문이 있었기 때문에 의미가 발생한 것이

다. 그것이 무엇인지 궁금해하지 않았다면 코끼리의 움직임은 개미에게 아무 의미가 없는 것이다.

그리고 일단 움직이는 거대한 것이라는 단서를 갖게 되면 코끼리의 움직임을 추적하면서 과연 자기와 같이 땅속에 구멍을 뚫고 들어가는지 여부를 살펴볼 수 있다. 코끼리가 움직인 자리에 큰 웅덩이가 생기는 것을 보며 개미는 자신에 비해 코끼리가 얼마나 큰 존재인지를 상상할 수 있게 된다. 사전 조사가 충분히 되었다고 판단하면 용기를 내어 코끼리의 발에 올라타는 도전도 해보고 어느 정도 정보를 수집하면 동료 개미들에게도 이 거대한 존재에 대해 알릴 것이다. 그 이야기를 들은 다른 개미들은 코끼리의 존재에 대해 믿기도 하고 믿지 않을 수도 있다. 움직이는 거대한 존재가 있다고 믿는 개미들에게는 의미가 있지만 믿지 않는 개미들에게는 아무 의미가 없기 때문이다.

마찬가지로 신에 대해 호기심을 갖고 질문하지 않는다면 신의 어떤 움직임도 아무 의미가 없다. 신에 대해 호기심을 갖고 질문하는 인간에게만 의미가 있는 것이다.

만물과 중요한 관계를 갖는 전우주적 존재여야 신이라 할 수 있다. 아무리 사소해 보이는 아메바와 같은 생물도 신이 없다면 존재할 수 없다. 누가 뭐라 해도 신은 '나', 우리 한 사람 한 사람과 상관이 있다. 신 없이 이 세상에 태어난 사람은 아무도 없다. 부모는 실수할 수 있어도 신은 결코 실수하지 않는다. 부모의 실수는 신이 사용하는 많은 도구 중 하나다. 그 도구는 '나'의 존재를 이 세상에 있게 한, 매우 중요한 창조의 통로다. 그리고 신에 대한 단서 중 중요한 시작이 바로 '나' 자신이다.

인간은 만물 중 신의 인격을 가장 많이 닮은 존재로, 신을 알려고 노력할 때 지식에 대한 욕구를 가장 즐겁게 충족할 수 있다. 신에 대한 호기심은 인간의 지성을 자극한다. 과학자들에게 화성에 대한 호기심이 없었다면 화성을 알기 위해 그토록 많이 노력하지 않았을 것이다. 그들의 명석한 두뇌로 복잡한 과학적 논리를 적용할 생각도 안 했을 것이다.

── 토론 가이드 ─────────────────────

1. 신에 대해 궁금해한 적이 있는가?

2. 우리에게 호기심이 있는 이유는 무엇인가?

3. 호기심이 위험하다고 생각한 적이 있는가?

4. 신을 알기 위해 호기심을 어떻게 사용해야 하는가?

2.
매뉴얼대로 할 때
신을 만날 수 있다

인간이 신을 이해하는 것은 사실 불가능하지만, 적어도 신을 이해하려는 노력은 인간의 한계가 예상보다 높다는 것을 알게 한다. 인간이 신을 이해하려면 먼저 과학을 뛰어넘어야 한다. 영적 존재인 신을 올바로 알기 위해서는 신의 도움이 반드시 필요하다. 신이 스스로 계시하기 전에 인간은 신을 알 수 없기 때문이다. 따라서 신을 알기 위해 우리는 신의 계시가 담겨 있는 책을 근거로 삼아야 한다.

신이 인간에게 자신을 알리는 정보가 들어 있는 책을 '경전'이라 한다. 이 책에서는 신에 대한 자료로 많은 경전 중 '성경'을 사용하고자 한다. 성경을 택한 이유는 다음과 같다. 첫째, 성경은 창조 이야기를 꽤 상세히 묘사하고 있다. 둘째, 신이 인류를 창조한 궁극적 목적을 찾을 수 있는 단서가 여러 시대를 거쳐 많은 저자에 의해 일관성 있게 기록되었다. 셋째, 창조신과 인간의 영원한 관계를 가능하게 하는 방법이 인간이 아닌 신에게 있다는 것과 신이 고안한 그 방법을 발견할 수 있다. 넷째, 인류 역사의 처음과 끝을 완성도 있게 묘사하거나 설명하고 있다. 여기서 제기해야 할 문답이 있다.

| 하나님은 많은 신 중 하나인가?

신은 하나다.

| 각 종교가 숭배하는 신은 서로 아무 상관이 없는가?

인류가 찾는 신은 궁극적으로 하나다.

| 유대인들이 섬긴 여호와 또는 야훼는 신약에 나오는 하나님과 다른 신인가?

구약에 나오는 신과 신약에 나오는 신은 같다.

| 만일 인간이 섬길 신의 수가 수만이라면 그중 누가 인간을 창조한 창조신인가?

하나님이 창조신이다(창 1:1, 출 3:14).

| 창조신이 신이 아니면 우리와 무슨 상관이 있는가?

아무 상관없다. 창조신이 아니면 인간에게 아무 의미가 없다.[1]

죽음을 좋아할 인간은 없다. 심한 자기 학대자를 제외하면 인간은 대부분 죽음을 혐오한다. 우리의 일회성 생명을 지키려는 간절한 열망은 언젠가 찾아올 죽음에 강한 거부감을 갖게 한다. 죽음에 대한 거부감은 단순히 육체적 사망에 대한 두려움이 아니다. 그것은 목숨이 끊어지는 육체적 죽음뿐 아니라 존재 의미의 상실에 대한 두려움이기도 하다.

2차 세계대전 당시 빅터 프랭클 박사는 독일 나치 강제 수용소에 갇혀 지옥과 같은 3년을 보냈다.[2] 정신과 의사였던 그는 그곳에서 인간이 사는 이유에 대해 중요한 사실 하나를 발견했다. 생지옥에서 그가 맛본 죽음의 공포는 너무나 끔찍했다. 그것은 똥 묻은 신발을 베개 삼아 자야 하는 것만을 뜻하는 것이 아니었다. 하루를 빵 한 조각으로 연명해야 했던 굶주림만 이야기하는 것이 아니었다. 진정한 죽음의 공포는 인간의 존엄성을 버리고 스스로 짐승처럼 되어 가는 끔찍함이었다. 수용자들은 처절하게 다가오는 죽음의 공포 때문에 점점 정글 속 동물 같은 생존 본능을 발동했다.

정글에 사는 동물들에게 살고 죽는 것이 무슨 의미가 있겠는가? 아무리 인간이라도 육체적 생명만 생각하는 경우에는 인간 고유의 존재 의미를 찾아볼 수 없을 것이다. 하지만 인간은 허기를 채우기 위해 먹이를 잡아먹고 종족 번식을 위해 짝짓기를 하고 운이 좋으면 천적에게 먹히지 않고 살다가 수명이 다 되어 땅으로 돌아가는 짐승들과 분명히 다르다. 인간의 존재 의미는 먹고사는 것 이상이다. '왜 사는가?'라는 질문에 어떻게 답하느냐에 따라 삶의 양상은 하늘과 땅 차이가 된다. 그런 점에서 가장 인간다운 존재 의미를 만들어 주는, 인간만 갖는 특권이 바로 종교성이다.

1. 우리의 신념들 중 무언가에 근거를 둔 신념이 있다면, 그 신념과 근거는 무엇인가?

2. 신념을 뒷받침하는 근거 자료는 왜 필요한가?

3. 최종 근거가 다르면 어떤 일이 벌어지는가?

4. 저자가 성경을 근거 자료로 사용하는 이유는 무엇인가?

3.
신을 왜곡하는
'나'라는 색안경을 벗어라

빅터 프랭클은 그의 책《극한 상황 속의 인간심리분석》(한국크리스천문학가협회, 1996)에서 "인간의 깊은 곳에는 종교심이 잠들어 있다"[3]라고 말한다. 인간이 경험하는 가장 큰 위기는 자기 존재를 무의미하게 여기는 상황이다. 고난을 통해 '나'라는 존재의 의미를 찾지 못하는 것이 가장 불행하고 가련한 것이다. 이 위기를 극복하기 위해서는 자기 안에 숨겨진 종교심을 이용해야 한다.

바울은 "신이 세상을 창조한 때부터 보이지 않는 그의 속성, 곧 그의 영원하신 능력과 신성이 그가 만드신 만물을 통해 분명히 나타나서 알게 되었으니 이제 인간들은 변명할 수가 없다"(롬 1장)라고 말했다. 종교성은 신의 존재를 인식하는 인간의 보편적 현상이다. 그리고 우리는 신의 존재를 강하게 느끼는 만큼 더욱 인간답게 살기 원한다.

영화 〈타이타닉〉(Titanic)은 인간의 종교성이 어떤 것인지를 보여준다. 거대한 여객선이 차가운 물속으로 침몰되어 갈 때, 그 배에 있던 사람들은 죽음의 두려움 앞에 우왕좌왕했다. 그때 갑판 한쪽에서 현악 연주가들이 아름답고 비장한 음악을 연주하고 있었다. 영하의 차가운 물속으로 가라앉는 거대한 여객선 갑판에서 모두 살 길을 찾았지만, 그 위대한 연주가들은 그들에게 주어진 의미 있는 일을 멈추지 않았다. 당시의 연주를 녹음해 지금 들을 수 있다면 어떨까? 그 음악은 이 세상에서 가장 아름다운 음악이라고 할 만큼 감동적일 것이다.

그들의 연주는 이 땅에 존재하는 그 어떤 것을 얻기 위한 연주가 아니었다. 돈을 벌기 위한 것도, 남들에게 뽐내기 위한 것도 아니었다. 재미로 즐기기 위한 것도 아니고, 그렇다고 목숨을 부지하기 위해 억지로 했던 것도 아니었다. 바로 그 연주는 그들의 존재 의미였다. 그것이 죽음 앞에서도 연주를 멈추지 않은 힘이었다. 그 연주는 불순물이 들어 있지 않은, 가장 순수한 연주였다. 인간이 아니면 이 세상 어떤 존재가 그렇게 할 수 있겠는가? 과연 어떤 존재가 이처럼 종교적일 수 있겠는가?

그리스 신화의 본거지인 고대 아테네 사람들은 많은 종교성을 갖고 있었다. 1세기경 바울은 아테네에서 에피쿠로스 학파와 스토아 학파 철학자들과 논쟁을 벌였다(행 17장). 그는 그들에게 예수와 부활을 전했고 그의 일관성 있는 논술은 종교성이 짙은 아테네 학자들의 호기심을 자극했다. 여러 학파의 학자들이 바울을 초청하여 고대 아테네의 최고 법정이었던 아레오파고스 재판소에 세웠다.

"아덴 사람들아 너희를 보니 범사에 종교심이 많도다 내가 두루 다니며 너희가 위하는 것들을 보다가 알지 못하는 신에게라고 새긴 단도 보았으니 그런즉 너희가 알지 못하고 위하는 그것을 내가 너희에게 알게 하리라"(행 17:22-23).

바울은 당시 초강대국이었던 로마 제국의 시민권자로서 가말리엘 문하에서 엄격한 율법 교육을 받은 수재였다. 그는 누구보다 철저한 바리새인 율법주의자였고 지금의 종교학자 못지않은 석학이었다. 그래서 그가 종교심 많은 아테네 사람들에게 참 신에 대해 이야기할 수 있었던 것이다. 그는 아테네 사람들이 신을 알고 싶어 하지만 신을 아는 방법을 모르고 있음을 감지했기에 참 신에 대해 말했다.

생각이 깊을수록 그 범위는 커진다. 생각의 깊이와 폭, 넓이와 길이는 종교성이 없으면 확장될 수 없다. 인간이기 때문에 신의 존재를 탐구해야 한다. 인간다워지기 위해 반드시 신을 탐구해야 하는 것이다. 신에 대한 호기심이 인간의 존엄성을 극대화할 수 있으며 그 존재의 의미를 찾는 길이다.

또한 신의 존재에 대한 호기심을 갖고 신을 탐구하는 가장 올바른 방법은 신을 숭배하는 것이다. 신을 알기 위해 신을 숭배하는 것은 당연하다. 신을 숭배하지 않으면 신을 알 수 없다. 신을 숭배해야만 신 스스로 보여 주는 신의 참 모습을 볼 수 있기 때문이다. 따라서 우리는 우리 자신을 숭배하는 것에서 벗어나 신을 숭배하는 것으로 방향을 바꿔야 한다. 이는 마치 하얀색을 보기 위해 노란 색안경을 벗는 것과 같다. 노란 색안경을 쓰고 하얀색을 찾는 것은 불가능하다. 하얀색을 보려면 노란 색안경을 벗어야 하는 것처럼 신을 보기 위해서는 우리 자신을 신처럼 보는 허영의 색안경을 벗어야 한다. 신은 숭배의 대상이며 신을 숭배하기 위해 우리는 자신을 숭배하는 것을 멈추어야 한다. 신을 숭배하지 않고서는 결코 신을 탐구할 수 없다.

1. '종교성'이라는 말은 무슨 뜻인가?

2. 우리에게 종교성이 있다는 것을 어떻게 알 수 있는가?

3. 종교성이 있다는 것이 '신이 존재한다'라는 사실을 증거
   하는 이유는 무엇인가?

Knock 2

신과
마주하는 시간

"잘 섬겨야 복을 받지!"

"잘 못하면 벌받아!"

"두려운 존재지!"

"종교가 너무 많아!"

"신이 어디 있어?"

"아무 신이나 믿으면 되지!"

이렇게 신에 대한 견해는 다양하다. 신에 대한 각자의 생각이 신학이다. 심지어 신이 없다고 믿는 것도 신학이다. 동물을 신으로 섬기는 인간이 인간보다 동물을 귀하게 여기는 것도 신학이다. 또한 인간이 죽으면 다시 태어나게 하는 신을 믿는 인간과 인생을 딱 한 번만 살게 하는 신을 믿는 인간의 신학은 분명히 다르다. 따라서 신에 대한 견해가 다르면 윤리나 도덕에 대해 생각하는 것이 다를 수밖에 없다. 신에 대한 개인적 견해는 삶의 방식을 결정하는 중대한 문제다. '내가 왜 이렇게 행동하지?', '나는 왜 이것을 중요하게 생각하지?' 라는 질문에 대해 답을 찾으려면 먼저 내가 어떤 신을 믿고 있는지를 파악해야 한다. 이번에 살펴볼 신에 대한 추론은 개인의 신학을 생각해 보는 기회를 제공할 것이다.

1.
창조의 라이센스는
신에게만 있다

과연 신이란 어떤 존재일까? 초능력이 있으면 신이라 할 수 있을까? 비범한 능력이 있으면 신이라는 명칭을 얻을 수 있는 것일까? 공부를 잘하면 '공신'이라고 하는데, 그러면 그 공신은 진짜 신인가? 물론 아니다. 조금 비범하다고 해서 우리가 숭배하는 진짜 신은 될 수 없다. 비상하고 뛰어난 인간에게 붙여 주는 애칭으로 '신'이라고 할 수는 있어도 숭배할 수는 없는 것이다. '신'이라는 말을 붙이면 신처럼 완벽에 가깝다는 의미를 내포하기는 해도 결코 신은 아니다. 마이클 조던은 비범한 농구 선수다. 사람들은 조던을 '농구의 신'이라고 한다. 그러나 진짜 신은 아니다. 인간은 결코 신이 될 수 없기 때문이다.

종교적 논쟁

비행기 옆자리에 앉은 사람과 신에 대해 이야기를 나눈 적이 있다. 옆 사람에게 하나님의 존재를 믿는지 물었다. 그는 신이 있다고는 생각하지만 하나님은 없다고 답했다. 그래서 이렇게 다시 물었다.

"어째서 신은 있는데 하나님은 없습니까?"

그가 말했다.

"하나님은 기독교에서만 말하는 것이라고 생각합니다."

나는 그 말에 대해 이렇게 생각했다.

'기독교에서만 말하는 하나님? 분명히 하나님이 세상을 만드셨다고 했는데, 하나님이 세상을 만들었다면 모든 피조물이 그 창조신을 진짜 신으로 여겨야 하지 않은가? 기독교에서 말하는 하나님이 과연 기독교인만을 위한 신일까?'

나는 다시 물었다.

"그럼, 선생님이 믿는 신이 본인을 만든 조물주라고 생각하지는 않습니까?"

그는 대답했다.

"글쎄요, 신이 저를 만들었다고 생각하지 않습니다. 다만 어려울 때, 저를 도와주는 신이 있을 수는 있겠지요."

대화가 끝난 후 나는 스스로 여러 질문을 던졌다. '과연 신이란 어떤 존재인가?' 아니, '어떤 존재여야만 신이라고 말할 수 있는가?', '우리가 갖는 신에 대한 개념은 과연 타당한가?', '실제로 신은 있는가?', '신은 우리와 무슨 상관이 있는가?', '각 종교에서 말하는 신은 각각 다른 것인가, 아니면 하나의 신을 다르게 묘사하는 것인가?'

수년 전 미국의 유명한 시사토론 프로그램인 '래리 킹 라이브'에서 예수에 대해 열띤 토론을 벌인 적이 있었다. 그 방송은 성탄절쯤한 것으로, 예수가 인류를 구원한 구원자인지에 대해 여러 출연자가 이야기를 나누었다. 유대교, 이슬람교, 천주교, 개신교, 무신론자까지 각 종교를 대표하는 사람들이 예수에 대해 논쟁했다.

기독교 대표로 출연한 존 맥아더 목사는 예수가 하나님의 아들이고 오직 예수를 통해서만 구원받을 수 있음을 피력했다. 반면 나머지 출연자들은 예수가 유일한 구원의 길이라는 것을 부정했다. 존 맥아더 목사와 나머지 패널이 둘로 나뉜 것은 한 가지 주장 때문이었다. 그것은 바로 '인간의 노력으로 구원이 가능한가, 아니면 인간의 노력으로 불가능한가'에 대한 내용이었다.

그들의 대화는 근본적으로 신에 대한 개념이 달랐다. 신이 어떤 존재인지 이해하고 있는 내용이 다른 것이었다. 그리고 신에 대한 개념이 다른 이슈의 차이를 결정지었다. 신학의 차이를 만드는 것은 각 종교가 신학의 근거로 제시하는 경전이었다. 즉 경전의 차이가 신학의 차이였던 것이다. 어떤 내용은 비슷해 보이지만 근본적으로는 달랐다.

진행자 래리 킹은 시청자들에게 신에 대해 중요한 선택을 하도록 기회를 주었다. 무신론자로 살든지, 아니면 신이 있다고 믿든지 하나를 선택하라고 권했다. 신이 있다고 믿는다면, 다양한 신에 대한 개념 중 하나를 선택하면 되는 것이었다. 여기서 중요한 것은 하나만 택해야 한다는 것이다. 신에 대해 서로 다른 두세 가지를 동시에 선택할 수는 없었다. 존 맥아더 목사의 주장은 단호했다. 신은 반드시 존재하고 인간을 구원하기 위해 예수 그리스도를 이 땅에 보냈으며, 그분이 인류를 대신해 십자가 고난을 받고 사흘 만에 부활했다는 사실이었다.

예수를 구원의 유일한 길로 예비한 하나님을 믿어야 한다고 주장하는 존 맥아더 목사와 그렇지 않다고 주장하는 나머지 모든 패널, 이렇게 둘로 나뉘었다. 존 맥아더 목사는 구원의 길은 오직 신이 만든 것이어야 한다고 주장했다. 그와 나머지 패널들의 근본적인 차이는 바로 이것이었다. 구원의 길을 인간이 만들 수 없다는 입장과 인간이 스스로 만들 수 있다는 입장으로, 이 두 가지 외에 다른 선택 사항은 없었다.

구원이란 인간이 신처럼 위대한 존재로 변하는 것을 뜻한다. 신처럼 영원히 살 수 있게 되는 것이 구원이다. 우리가 신처럼 초월적 존재가 될 수 있는 방법이 신에게 있는지, 인간에게 있는지 둘 중 하나를 선택하는 것은 매우 중대한 문제다. 이 세상에 있는 모든 존재는 스스로 신이 될 수 없다는 주장과 그렇지 않다는 주장, 둘 중 하나를 택해야 한다.

그 선택은 신중해야 한다. 맹목적이거나 강압적으로 할 문제가 아니다. 자발적이어야 한다. 과연 인간이 스스로 노력해서 신처럼 될 수 있는가, 아니면 인간의 노력으로는 불가능한가?

우리는 천재들을 보며 놀라워한다. 복잡한 방정식을 단번에 암

산하는 모습을 보면 놀라지 않을 수 없다. 그들의 계산 실력은 음속으로 날아다니는 제트기 제작에 필요하다. 비행기가 공중분해되지 않으려면 비행기의 동체, 엔진, 날개 등의 크기와 각도를 정확히 계산해야 한다. 비행기의 복잡한 전자회로를 빈틈없이 제작해야 한다. 작은 오작동이 큰 재앙으로 이어질 수 있기 때문이다. 따라서 천재적 수학 재능을 가진 사람들이 비행기를 설계하고 그것을 제작한다. 지구를 벗어나 달과 화성으로 날아갈 우주선을 제작하려면 더더욱 계산의 오류를 최소화해야 한다. 그래서 이 복잡하고 중대한 방정식 계산을 위해서는 비상한 수학 천재들이 필요하다.

분명히 세상에는 더 훌륭한 것이 있고 덜 훌륭한 것이 있다. 끝이 보이지 않는 높은 빌딩이나 거대한 비행기와 배를 보면 놀랍다. 또 넓은 바다와 일출을 보면 더 놀랍다. 훌륭함의 한계는 어디일까? 좀 더 훌륭하고 완벽한 존재로 시선을 옮기다 보면 그 마지막은 결국 신이다. 완벽함의 정점은 역시 창조신인 것이다.

어떤 사람들은 "신은 인간이 창조해 낸 환상일 뿐"이라고 말한다. 그리스 신화에 나오는 신들(gods)에 대한 정의라면 맞는 말이다. 신화의 신들은 인간을 꽤 많이 닮았다. 당연하다. 그들 모두 인간이 상상해서 만든 신이기 때문이다. 그런데 진짜(genuine) 신은 인간을 만든 신(God)이지, 인간이 만든 신(god)은 아니다. 인간이 존재하기 전에 있던 신(God)과 인간이 존재한 후에 생긴 신(god)은 다르다.

18세기에 나온 임마누엘 칸트의 '순수이성비판'은 인류의 철학적 사고의 틀을 전환하게 하는 데 큰 반향을 불러일으켰다. 칸트 이전에는 인간이 갖는 모든 이성적 사고가 경험을 통해 만들어진다고 믿었다면, 칸트 이후에는 인간에게 선험적 사고의 틀이 존재할 수 있다는 가능성을 새롭게 생각하기 시작했다.

즉 우리 안에 경험을 담아 놓을 마음의 그릇이 없다면 그 경험을 기억할 수 없다는 말이다. 바가지 없이는 물을 퍼 담을 수 없듯이, 먼저 경험을 담아낼 그릇이 있어야 한다는 것이다. 붕어빵 반죽이 있어도 붕어빵 틀이 없다면 붕어빵을 만들 수 없는 것처럼, 어떤 식으로든 경험을 기억하기 위해서는 그 틀이 미리 준비되어 있어야 한다. 생각의 틀이 있어야 생각을 담아 놓을 수 있는 것이다.

칸트는 바로 이 점, 인간이 생각을 할 수 있는 것은 이미 그 생각의 틀이 있기 때문이라는 사실을 발견한 것이다. 그가 그것을 발견하기 전에 사람들은 대부분 인간의 이성이 갖는 사고의 틀은 후천적으로 경험에 의해 만들어진다고 믿었다. 그러나 칸트 이후 사람들은 인간의 이성이 갖는 사고의 틀은 인간이 아니라 누군가에게 받은 것이라고 생각하게 되었다.

그 당시 사람들에게 선험적 사고의 틀은 큰 반향이었다. 이는 마치 코페르니쿠스가 '지동설'을 발견해 태양이 지구 주위를 돌고 있다는 통념을 깬 것에 견줄 만한 일이었다. 상식적으로 선험적 사고의 틀이 처음부터 없었다면 어떤 개념도 경험할 수 없다. 예를 들어 '사랑'이라는 개념은 사랑이라는 이름을 붙이기 전에 이미 있었다.

이름을 붙이기 전에 먼저 있었던 것이다. 사랑의 개념은 한국어로 '사랑'이고 영어로는 'love'이다. 국가별 문화 차이로 사랑에 대한 이해의 차이는 있지만 부모로서 자녀에게 느끼는 사랑은 한국인이나 미국인이나 공통적이다. 사랑은 전 우주적이고 절대적 의미로 공적이며 모든 문화를 초월하기 때문이다. 이 공통점이 더 중요하기에 문화적 차이는 사소한 것에 불과하다.

발견되는 존재

개념이 있어야 단어가 생긴다. 단어를 먼저 만들고 개념이 만들어지는 경우는 없다. 개념이 단어를 만드는 것이지 단어가 개념을 만드는 것이 아니다. 먼저 동물이 있고 그 동물에 이름을 붙이는 것이지 이름을 만들어 놓고 동물이 생기는 것은 아니다. 지금도 바닷속에는 천만 종이 넘는 생물이 있다. 그중 인간이 발견한 것은 극소수다. 새로운 생물을 발견하고 이름을 붙이는 것이지, 이름을 붙여 놓고 생물을 발견하는 것이 아니다. 이처럼 개념이 먼저 존재하고 그 개념에 이름을 붙이는 것이 단어다.

모른다고, 경험하지 않았다고 없는 것이 아니다. 인간이 만들지 않았다고 존재하지 않는 것이 아니다. 인간에게 선험적으로 주어진 개념들 중에 아직도 이름을 붙이지 않은 단어가 얼마나 많겠는가? 인간의 말로는 형용할 수 없는 개념이 아직도 많으며 단어는 계속해서 새로 만들어지고 있다.

단어는 단지 개념에 라벨을 붙여 주는 것일 뿐이다. 물건에 이름을 붙이고 가격표를 붙이는 것이지 아예 존재하지 않는 물건을 위해 미리 가격표를 붙일 수는 없다. 이와 같이 이미 많은 것들이 인간이 이 땅에 존재하기 전에 존재하고 있었다. 그중에는 아직 발견하지 못한 것도 많다. 인간을 포함해 이미 존재하고 있는 것들을 만든 존재가 바로 신이다. 신은 만물이 생겨나기 이전부터 존재했다. 그러므로 인간이 신을 만들 수는 없다.

국어사전에서는 '신'을 "종교의 대상으로 우주를 주재하는 초인간적, 초자연적 존재"라고 정의한다. 자연이 초자연을 만든 것이 아니다. 초자연이 먼저 있고 자연이 생겨난 것이다. 자연은 초자연의 개념을 발견할 뿐이다. 따라서 신이 먼저 있었고 인간이 있는 것이지, 인간이 신보다 먼저 있을 수는 없다. 인간이 만든 존재라면 그 존재는 신일 수 없다. 신은 이미 존재했고 인간이 그 다음이다. 신은 초인간적이며 초자연적인 존재이기 때문이다.

국어사전에서는 '초인간적'이라는 말을 "보통 사람으로는 생각할 수 없을 만큼 아주 뛰어난, 또는 그런 것"이라고 정의한다. 또 '초자연적'이라는 말은 "자연을 초월한 그 어떤 존재나 힘에 의한, 또는 그런 것"이라고 정의한다. 따라서 신은 적어도 보통의 인간을 뛰어넘는 능력을 가진 존재로 이해할 수 있다. 이 두 단어, 즉 '초인간적'과 '초자연적'이라는 의미 안에서 '보통'이라는 단어가 공통적으로 발견된다.

'보통'이라는 말은 상대적이다. 보통의 반대말이 없다면 보통이라는 말도 없다. 보통이 있다면 보통이 아닌 것도 있어야 한다. 최소가 있으면 최대도 있고 평범이 있으면 비범도 있다. 이는 상대적인 개념일 뿐 절대적이지 않다.

아이큐가 200이라고 해서 그 사람을 신이라고 하지는 않는다. 아인슈타인보다 더 똑똑하다는 이유만으로 신이 될 수는 없다. 신은 아이큐 200인 천재보다 더 천재여야 하고 무엇보다 시간과 공간을 초월해야 한다. 1초에 지구를 일곱 바퀴 반을 날 수 있는 슈퍼맨도 신은 아니다.

최종 자격 조건

신은 슈퍼맨보다 더 초인간적이고 초자연적이어야 한다. 신은 어제 있는 동시에 오늘도, 내일도 동시에 존재해야 한다. 한국에 있기도 하지만 동시에 지구 반대편 미국에도 있어야 한다. 지구에 있는 동시에 은하계 밖에도 있어야 하고 우주 안에 있는 동시에 우주 밖에도 있어야 한다. 이와 같은 인간의 보통을 뛰어넘는 신의 능력이 진짜 신이 되게 한다. 인간을 뛰어넘는 초자연적 능력은 한마디로 창조의 능력이다. 신은 창조자이고 그 외는 전부 피조물이다. 이것이 신을 정의하는 최종 기준이다.

신과 신이 아닌 것을 구별하는 가장 간단하면서도 정확한 방법은 '창조자이냐, 아니면 피조물이냐?'라는 질문이다. 창조자면 신이고 피조물이면 신이 아니다. 피조물은 아무리 대단한 능력자라도 창조자와는 극명히 다르다. 분명히 신과 인간의 차이는 크다. 그런 의미에서 신은 창조자다. 피조물이 신과 비슷해 보여도 피조물은 그냥 피조물이다. 어떤 피조물도 신이 될 수 없다. 숭배를 받는 피조물은 신격화될 수는 있어도 결코 신은 될 수 없다.

인간이 신이라고 부를 만한 존재는 반드시 인간을 만든 창조신이어야 한다. 그렇지 않으면 신은 결국 인간이 만들어 낸 발명의 산물이거나 인간과 같은 피조물 중 하나에 불과하다. 인류 역사에서 인간은 다른 많은 피조물에 신이라는 이름을 붙였다. 태양, 달, 나무, 돌, 강, 하늘, 땅 등 자연을 신으로 삼기도 했고 귀신처럼 두려운 영적 존재를 신이라 부르기도 했다. 어떤 이들은 영적 존재뿐만 아니라 인간을 신격화하기도 했다. 심지어 요즘은 '신'이라는 말을 애칭으로 사용할 정도다.

신은 신다워야 한다. 그런 점에서 신은 창조자다. 인간은 누구나 종교성을 갖기 때문에 신의 존재를 강렬히 인식한다. 우리의 종교성은 신의 존재를 증명해 주는 단서 중 하나다. 인간이 신의 존재를 인식하는 것은 우리 몸의 배꼽처럼 인간 존재의 뿌리를 확증하는 흔적이다. 그 영적 존재가 인간을 만든 당사자인 것이다. 인간이 만든 영적 존재란 없다. 그리고 인간을 만들지 않은 신이란 없다. 창조자이기 때문에 신인 것이다. 피조물인 인간이 계속해서 인식하는 영적 존재가 신이기에, 신은 우리 모두의 삶의 가치와 의미를 부여하는 유일한 존재다.

　만약 신이 없다면 '신'이라는 단어도 이 세상에 존재하지 않았을 것이다. 우리는 그 존재를 '신'이라고 불러왔고 신은 창조의 주체다. 신이 아니면 피조물이고 피조물이 아니면 신이다. 우주에는 이두 종류밖에 없다.

　만약 신이라고 명명한 창조신 외에 다른 창조자가 있더라도 인간을 만든 신이 아닌 이상 우리와 전혀 상관없는 대상이며 논할 가치와 의미가 없다. 신이 우리 인간과 전혀 상관없는 존재라면 아무리 초월적이라도 우리가 신이라 칭하는 존재는 될 수 없다. 신의 개념이 가리키는 그 '초월적' 존재와 인간은 창조자와 피조물의 관계로 있어야 한다. 그렇지 않으면 인간의 개념 속에 존재하는 신이 될 수 없다.

　신과 인간이 창조자와 피조물의 관계가 아니라면 신은 인간에게 아무 의미가 없다. 창조자와 피조물의 관계가 아니면 초월적 존재는 마술사 정도의 뛰어난 능력을 가진 어떤 존재일 뿐 그 이상도 그이하도 아니다. 신적인 존재일 수는 있어도 신은 아닌 것이다.

　신에 대해 깊이 사색하는 것은 그 신이 우리를 창조한 창조신이기 때문에 의미가 있다. 인간을 창조한 신 외에 다른 신은 우리와 전혀 상관이 없으며 사실 우리가 상상조차 할 수 없는 존재다. 이것은 마치 아마존의 어떤 부족 사람이 뉴욕의 어떤 사람을 상상조차할 수 없는 것과 같다. 있어도 의미가 없고 없어도 그만이다. 아무리 신적인 존재라 해도 창조신이 아니면 생각할 이유도 없고 인식할 방법도 없다. 따라서 인간의 존재와 전혀 상관없는 신은 사실상 '신'이 아니다. 오직 창조신만 우리의 실존에 의미를 부여하며 우리의 관심 대상이 되는 것이다.

신은 창조자로서 '완벽' 그 자체여야 한다. 완벽의 기준이 아니면 신이 아니다. 완전해야 신이다. 신이 완전함의 기준이고 완전함의 극치이며 완전함의 시작이다. 신 이전에 완전함은 없다. 신이기 때문에 완전함 그 자체인 것이다. 신은 스스로 존재한다(출 3:14). 신이 기준이고 기준이 신이다. 이 사실을 부정하는 것은 신의 존재 자체를 부정하는 것이다.

혹시 신이 기준이 아니라 인간이 기준이라고 생각하지는 않는가? 그것은 '프로크루스테스의 침대'처럼 사람의 키가 침대보다 작으면 잡아 늘리고 키가 크면 침대 밖으로 튀어나온 긴 다리를 자르는 어처구니없는 행위와 같다. 기준을 잘못 정한 것이다.

종이를 같은 크기로 여러 장 자르려면 매번 기준이 되는 종이를 가지고 잘라야 한다. 기준 종이가 아니라 바로 직전에 잘랐던 종이를 대고 자르면 마지막에는 처음 기준과 다른 크기의 종이가 나올 것이다. 이렇게 기준이 잘못되면 결국 모든 것이 잘못된다. 그러므로 우리는 신을 완전함의 기준으로 두어야 한다. 그 기준이 바로 창조자다. 우리가 기준으로 삼아야 할 완전한 기준은 창조자인 신인 것이다.

1. 개인적으로 신을 어떤 존재라고 생각하는가?

2. 신이 아니면 가질 수 없는 신의 특징은 무엇인가?

3. 과연 신은 인간이 상상으로 만들어 낸 존재인가?

4. 신의 최종 자격 조건은 무엇인가?

2.
신의 기준을 벗어난 것은
위법이다

술주정뱅이의 괴팍한 아버지를 둔 사람은 신도 괴팍할 것이라 상상하기 쉽다. 하지만 신이 변덕스럽고 짜증이 많으며 포악하고 야만적이라면 신으로서 자격이 없는 것이다. 신에 대한 대전제는 생명을 만든 창조신이라는 것이다. 선의 근본이며 아름다움의 뿌리다. 사랑의 아버지와 괴팍한 아버지 중 어느 쪽과 비슷한지 묻는다면 당연히 사랑의 아버지다. 왜냐하면 신은 생명을 만든 창조자이기 때문이다.

한편 신이 사랑의 아버지인데 왜 고통과 슬픔이 있는지 의아할 수 있다. 자연 재앙을 보며 신이 인간을 괴롭힌다고 느낄 수도 있다. 하지만 신을 괴팍한 사디스트라고 생각하는 것은 오해다. 자연은 분명 아름답고 그 자연을 만든 신은 아름다움의 원천이다. 우리는 '신이 창조자'라는 대전제를 근거 삼아 신이 옳고 그름의 기준이 된다는 점을 인식할 필요가 있다.

기준이란

형용사는 대부분 반대말이 있다. '뜨겁다'의 반대말은 '차갑다'이다. '굽다'의 반대말은 '곧다'이다. '깨끗하다'와 '더럽다', '느리다'와 '빠르다'도 서로 반대말이다. 반대말이 없다면 그 반대말도 애초에 없었을 것이다. '뜨겁다'라는 말이 있으려면 반대말인 '차갑다'라는 말도 있어야 한다. '굽다'라는 개념이 없다면 '곧다'라는 개념도 있을 수 없다. '깨끗하다'라는 개념이 있기 때문에 '더럽다'라는 개념도 있는 것이다. '느리다'라는 개념도 '빠르다'라는 개념 없이는 존재할 수 없다. 반대말은 서로 기준이 된다.

2012년 런던올림픽에서 우사인 볼트가 세계에서 가장 빨리 달리는 사람으로 등극했다. 그런데 만약 그가 올림픽 100m 달리기 경기에 혼자 출전했다면 어땠을까? 그의 빠르기를 비교할 역대 경기 기록조차 없었다면 어땠을까? 그랬다면 '가장 빠르다'라는 말보다는 그냥 '빠르다'라고 표현할 수밖에 없었을 것이다. 우리가 말하는 표현은 상대적이기 때문에 비교 기준이 없으면 다분히 주관적일 수밖에 없다. '무엇을 기준으로 평가하느냐'의 문제다.

완전과 불완전을 비교해 보자. '완전'이라는 말은 '불완전'의 상대적 개념이고, '완벽하다'라는 말은 '완벽하지 않다'라는 개념 없이는 존재할 수 없다. '거룩하다'라는 말도 마찬가지다. '거룩함'과 '거룩하지 않음'의 경계선이 있다. '더 거룩하다'나 '덜 거룩하다'라고 표현한다면 이 둘의 경계가 불분명하다. 하지만 절대적 거룩함은 거룩하지 않음과 분명한 대조를 이룬다. 거룩함의 극단이 없다면 더 거룩하고 덜 거룩함도 없다. '좋음'의 끝이 없다면 더 좋고 덜 좋고도 없다. 그러면 '나쁨'도 없다.

마이클 조던이 공을 100개 던져서 모든 공을 실수 없이 골에 집어넣는다면 완벽한 농구 슈터라고 말할 수 있다. 그러나 미래에 100개가 아니라 1,000개를 한 번도 실수하지 않고 골인시킬 수 있는 농구 선수가 나오지 않으리라는 법은 없다. 우리가 세워 놓은 객관적이라고 말하는 기준이 영원하다고 확언할 수 없는 것이다. 그래서 가설을 세우고 근거를 제시하여 그 가설이 참이라고 증명하는 것을 '연구'라고 한다. 과학이 어떤 가설을 절대적 진리라고 말하는 일은 없다. 절대 기준을 찾기 전에는 모든 것이 상대적이다. 따라서 가치의 절대 기준은 인간이 정할 수 있는 것이 아니다.

대학의 미술학과에는 색상을 전문적으로 연구하는 사람들이 있다. 그들은 색상 전문가들로 많은 사람들이 더 좋아하는 색상을 발견해 내는 일을 한다. 그들의 연구에 의하면 빨강색에도 매우 다양한 빨강색이 존재한다고 한다. 빨강색이지만 주황색에 가까운 것이 있고 검정색에 가까운 것이 있는 것이다. 신기하게도 그들은 다양한 색상을 연구하다 보면 빨강색과 주황색을 구분하는 것이 더는 중요하지 않다고 말한다. 각 색상에 철자와 번호를 붙여 구분할 뿐, 일반인이 말하는 빨강색과 주황색이라는 이름은 의미가 없다는 것이다. 색상의 미묘한 차이를 구별하는 것도 타고난 색상 천재이거나 오랫동안 색상을 연구한 전문가들만 할 수 있는 일이다.

우리 눈에 보이는 색상은 얼마든지 조절하여 수만 수억 가지 이상, 거의 무한대로 변화를 줄 수 있다. 그러나 아무리 무한 색상을 만든다 해도 그것이 우주에 존재하는 모든 색상은 아니다. 빛의 굴절은 우리 눈에 보이는 광선뿐 아니라 우리 눈에 보이지 않는 적외선이나 자외선도 나오게 한다. 그러므로 눈에 보이는 색이 다가 아니다. 인간의 눈에는 보이지 않는 색이 다른 동물의 눈에는 보일 수 있는 것이다. 그것은 인간이 가진 눈의 한계다. 볼 수 있는 것만 보는 것인데 "보이는 것이 다"라고 말하는 것은 옳지 않다. 인간의 기준이 항상 상대적이라는 점은 오류의 가능성을 내포하며 그것은 곧 절대 기준이 될 수 없다는 것을 뜻한다. 그저 신이 만든 것을 발견할 뿐이다.

학교에서 체육 시간에 선생님이 학생 한 명을 향해 "기준!"이라고 외치면 학생은 그 자리에서 손을 들고 "기준!"이라고 외친다. 그러면 넓은 운동장에서 그 아이가 서 있는 그 지점이 기준이 된다. 그리고 그 학생을 기준으로 다른 모든 학생이 정렬한다.

물의 산성도를 측정할 때 산성인지, 중성인지, 알칼리성인지를 구별하는 수치가 있다. 중성, 즉 순수한 물의 기준은 7이다. 7보다 높으면 알칼리성이고 7보다 낮으면 산성이다. 이것이 기준인 것이다.

차를 운전할 때도 도로마다 정해 놓은 속도 제한 기준을 넘으면 과속이다. 시속 60km의 속도 제한이 있는 도로를 70km의 속도로

달리면 과속이다. 법이 정한 기준을 어긴 것이므로 그에 상응하는 범칙금을 부과받는다. 이것이 기준이다.

살인하면 살인죄로 처벌받는다. 화가 난다고 물리적인 힘이나 언행으로 다른 사람을 공격하면 법의 기준에 따라 폭행죄가 적용될 수 있다. 다른 사람의 물건을 말없이 가져가는 것은 도둑질이다. 이것도 처벌 대상이다. 자연을 훼손하는 것도 사법 처리의 대상이다. 이것이 기준이다.

학교에서 선생님이 정하는 기준, 중성의 물을 7이라는 숫자로 정한 기준, 제한 속도 규정, 그 외 다른 법은 모두 인간이 정한 상대적인 것이다. 그런데 상대적이라고 해서 개인이 마음대로 정할 수 있는 것은 아니다. 상대적 기준은 정해진 한계 안에서 정해진다. 학교에서는 '운동장 안에서'라는 한계가 있다. 속도 제한도 도로가 얼마만큼 넓고 곧은지에 따라 최대한 안전하게 다닐 수 있게 기준을 정한다. 또 살인은 사회 질서를 어지럽히는 가장 심각한 범죄라는 기본 전제하에 처벌한다. 자연을 훼손하는 것도 생명윤리에 어긋난다는 전제하에 처벌한다. 법은 사람들의 정서를 반영한다. 그리고 사람들의 정서는 윤리와 도덕을 기준으로 한다. 윤리와 도덕은 신이 인간에게 둔 양심에 의거한다. 그리고 양심은 선악의 절대 기준에 뿌리를 둔다. 결국 이 모든 상대적 기준은 신의 절대 기준 안에서 만들어지는 것이다.

절대 기준

우리는 내면의 확성기로부터 들려오는 양심의 소리를 막을 길이 없다. 악을 혐오하는 양심의 소리를 듣는다. 그것은 강렬하고 지속적이다. 내면의 외침은 철저히 이타적이며 듣는 이의 유익을 몹시 바란다. 눈을 가린 채 낭떠러지를 향해 걸어가는 사람에게 "거기서! 앞에 낭떠러지야!"라고 외치는 소리와 같다. 위험에 처한 사람을 그냥 지나치지 않는다. 길에서 강도를 만나 죽어가는 사람을 도와준 선한 사마리아인의 강렬한 자비심과 같다. 사랑은 양심을 사용하여 참된 유익을 추구할 수 있다.

아름다운 것을 보면 감탄하는 것이 당연하다. 바다를 보며 아름답다고 생각하고 배설물을 보며 더럽다고 생각하는 것은 우리의 일반적 신념이다. 분명 절대적 선의 기준은 있다. 인간이 만든 기준이 아니라 인간에게 주어진 기준이 있는 것이다. C. S. 루이스는 《순전한 기독교》(홍성사, 2001)에서 '자연 법칙'(laws of nature)과 '자연법'(Law of Nature)을 비교했다. 자연 법칙은 중력과 같이 인간과 다른 모든 동식물이 동일하게 영향을 받고 그 영향을 절대 거부할 수 없는 것이다. 반면 자연법은 인간에게만 적용되는 법칙으로 거부할 가능성이 있다. 공중에서 물체를 놓으면 그 물체는 바닥으로 떨어지는데 이렇게 땅으로 당기는 힘을 '중력'이라 부른다. 따라서 땅 위에 있는 모든 것은 중력의 영향권 안에서 벗어날 수 없다. 누구도, 어떤 물체도 예외가 될 수 없다.

그런데 우리가 중력의 법칙은 거부할 수 없어도 도덕률은 거부할 여지가 있다. '도둑질은 나쁜 짓이다', '거짓말은 옳지 않다', '살인은 끔찍하다', '미워하는 것은 안 좋은 감정이다', '사랑하는 것은 아름다운 일이다' 등과 같은 명제에 대해 우리는 대부분 동의할 것이다. 그러나 동의하는 것과 달리 실제로 올바르게 사는 것은 쉽지 않다. 이론과 실제의 차이다. 이렇게 우리는 선의 절대 기준이 옳다고 생각은 하지만 현실에서는 그 기준을 거부하며 살기 쉽다.

신은 완전함의 기준으로 완전함은 신의 특성이다. 신은 완전함에서 벗어날 가능성이 전혀 없다. 한마디로 완벽하다. 우리가 신을 완벽하다, 완벽하지 못하다고 평가할 수 없다. 신이 기준이고 완벽 그 자체이기 때문이다. 신에게는 오류가 없고 실수도 없다. 신이 하는 일에는 반드시 이유가 있고 우연이라는 것이 없다. 목적이 없는 신의 행위란 있을 수 없다. 실수하는 신이라면 신으로 숭배할 가치가 없다. 신의 목적은 반드시 이루어진다. 신이 하는 일에는 더할 것도 없고 뺄 것도 없다. 절대적으로 완전해야만 신이지, 완벽하지 않으면 신이 아니다. 신의 완전은 100%의 완벽함이다. 오로지 신만이 완벽의 기준이 된다.

인간이 생각하기에 완벽하다고 해도 사실 그것은 절대적으로 완벽한 것이 아니다. 인간이 완벽의 기준을 정할 수 없다. 인간에게는 그 기준에 충분히 부합한다고 오류 없이 판단할 수 있는 능력이 없기 때문이다. 인간이 아니라 신이 완벽의 기준이다. 인간이 나름대로 설정해 놓은 완벽의 기준이 있지만 그 기준은 절대적이지 않다. 인간이 아니라 다른 누군가가 이미 설정해 놓은 기준이 있다. 바로 신이 정한 기준이다. 신의 존재 자체가 완벽의 기준이다. 왜냐하면 신이 우주를 만들었기 때문이다.

예를 들어 우리가 석양을 보며 아름답다고 느끼는 것은 다수결로 그렇게 하기로 약속해서가 아니다. 가을에 단풍이 든 산을 보며 아름답다고 느끼는 것도 사람들끼리 그렇게 하기로 약속한 일이 아니다. 배고프면 음식을 먹고 피곤하면 잠을 자야 하듯 우리에게는 자연의 아름다움에 대한 욕구가 있다. 그래서 아름다운 풍경과 신선한 공기를 만끽하려고 산을 오른다. 산을 멀리서 보는 것보다 직접 걸으며 느끼는 것이 행복하기 때문이다. 수족관에서 물고기들을 구경하는 것도 마찬가지다. 바닷속 생물들을 유리 벽 하나를 사이에 두고 만끽할 수 있다. 하지만 스쿠버다이빙을 하면 바다의 아름다움을 직접 체감하며 더 큰 즐거움을 느낄 수 있다. 그것은 우리 안에 자연을 만끽하며 누리고 싶은 욕구가 있고, 눈앞에 그 욕구에 부합하는 자연이 있기 때문이다. 만족은 욕구와 욕구 충족 대상이 동시에 존재해야 나타난다.

만족 = 욕구 + 욕구 충족의 대상

식욕을 충족하기 위해서는 입에 넣을 수 있는 음식이 있어야 하지만, 식욕이 없다면 맛있는 음식은 더 이상 음식이 아니다. 거식증 환자들은 음식을 입에 넣어도 식욕이 없어서 토하고 만다. 반대로 식욕은 있는데 음식이 없는 경우도 있다. 배는 고프지만 먹을 것이 없어서 굶는 사람들이 그렇다. 인류에게 원천적으로 어떤 욕구가 없다면 눈앞에 아무리 좋은 것이 있어도 의미가 없다. 자연을 보며 경탄하는 것은 눈에 보이지 않는 어떤 줄이 우리의 마음과 자연을 연결하고 있기 때문이다. 그 줄은 우리 스스로 만들 수 있는 것이 아니다. 신이 만들어 놓은 장치다.

생명의 절대 가치는 누구도 부인할 수 없다. 아무리 살인마라도 자기 생명이 귀중한 줄 안다. 생명이 이 세상에서 가장 귀중하다는 생각은 태어난 후 후천적으로 배우는 것이 아니라 타고나는 것이다. 그렇지 않다면 갓난아기는 태어나자마자 엄마의 젖을 빨지 않을 것이다. 분명히 사는 것은 죽는 것보다 좋은 일이다. 삶에 대한 열망은 인간 스스로 만들어 낸 것이 아니다. 생명은 주어지는 것이지, 우리가 만드는 발명품이 아니다. 우리의 삶에 대한 열망은 타고난 것이라서 '생명은 귀중한 것이다'라는 명제는 누가 가르쳐 주지 않아도 스스로 잘 안다.

생명이 가치 있다는 사실은 생명이 없을 때는 상상도 못한다. 삶을 살아 보기 전에는 생명의 가치를 알 수 없는 것이다. 생명의 절대적 가치를 스스로 만들어 낼 수 있는 인간은 없다. 그것은 신이 하는 일이다. 생명이 가치 있다는 기준은 절대적이며 신이 설정해 놓은 전 우주적인 '자연법'이다.

목숨을 유지하는 것은 인간의 궁극적인 목적이 아니다. 먹는 것은 목숨을 유지하기 위해서지만 목숨을 유지하는 것으로 끝은 아니다. 인간은 자신의 존재 가치를 유지하기 위해 산다. 하지만 인간과 달리 짐승은 먹기 위해 살고 목숨을 유지하기 위해 먹는다(간혹 주인을 살리기 위해 자기 목숨을 희생하는 애완견도 있다). 존재 가치의 추구는 오로지 인격체만 갖는 특권인 것이다. 따라서 인간에게 생명의 가치는 곧 존재적 가치다.

신이 절대 기준이다. 왜냐하면 신이 생명을 만들었기 때문이다. 절대 기준은 우리가 존재하기 전에 이미 있었다. 절대적 선악의 기준은 인간이 정하지 못한다. 옳고 그름의 기준은 인간이 정하지 않는다. 이미 신이 정해 놓은 기준이기 때문이다. 신이 절대 기준이고 그 기준에서 벗어나는 모든 것은 위법이다. 인간은 그 신의 기준을 발견할 뿐이다.

'사랑'이라는 기준

드라마에서 '사랑'이라는 소재는 흥행을 위해 필수적이다. 아무리 거친 전쟁 영화라도 군인의 품에서 어머니나 애인의 사진이 나오는 장면을 넣어 참혹한 전쟁을 그나마 의미 있게 만든다.

어느 평범한 가정의 노부인이 설거지를 하는 동안 군장성급 장교의 차가 집 앞마당으로 들어온다. 별이 붙은 차량을 본 노부인은 설마 하는 마음으로 하던 일을 멈춘다. 전쟁터에 아들 셋을 모두 보내고 그중 하나를 이미 전장에서 잃은 부인은 차에서 내리는 장교를 본 순간 무언가 알아차렸다는 듯 그 자리에 주저앉는다. 장교가 가져온 소식은 그 노부인의 또 다른 아들이 사망했다는 비보였다. 이것은 2차 세계대전을 배경으로 한 영화 〈라이언 일병 구하기〉 (Saving Private Ryan)의 한 장면이다.

이후 사령관은 한 가정의 세 아들을 모두 다 잃게 할 수는 없다고 판단하고 살아 있을 나머지 아들을 찾아 안전하게 귀환시키기로 결정한다. 그가 라이언 일병이다. 노모의 무너지는 절망과 슬픔은 참으로 애절하다. 부모는 자녀를 자기 목숨보다 귀하게 여긴다. 차라리 부모 자신이 죽어서 자식을 살릴 수 있는 상황이라면 대부분의 부모는 그렇게 할 것이다. 그것이 부모의 사랑이다.

사랑은 절대적 가치를 가지고 있다. 이런 사랑을 인간이 만들어낸 것이나 후천적인 교육의 결과라고 말할 수 없다. 그것은 선천적으로 주어진 것이다. 다른 동식물들과 달리 인간만 갖는 절대적 가치 중 대표적인 것이 사랑이다. 우리가 사랑을 만든 것이 아니라 이미 만들어진 사랑이 우리에게 주어진 것이다. 신이 만든 가치 기준은 절대적이라서 시대와 문화를 초월하며 그중 사랑은 전 우주적 공용어다.

사랑을 모르거나 싫어하는 인간은 없다. 부모로서 자식을 사랑하고 부부가 서로를 사랑하고 친구가 우정을 나누는 것은 언제 어디서나 강렬하다. 사랑을 위해 살고 사랑을 위해 죽는다. 이런 절대 가치는 어느 특정한 문화에서만 발견하는 것이 아니다. 전 세계에서 일어나는 우주적 현상이다. 사랑은 한 권력가가 만들어 내는 캠페인의 산물이 아니다. 한 국가의 힘으로 만들어 낼 수 있는 지역적이거나 시대적인 운동도 아니다. 사랑이라는 절대 가치는 인간이 거부할 수 없는 인류 보편적 기준이다. 오로지 신만 할 수 있는 위대한 사역인 것이다. 신의 창조 주권으로만 그렇게 할 수 있다. 그래서 절대 가치의 기준은 인간이 아니라 신이다.

달라스 윌라드는 신(God)이 기쁨으로 충만한 분이며 그 무한한 기쁨은 그분의 넘치는 사랑과 관용과 연결되어 있다고 말한다. "하나님의 삶은 아주 신 나며 그분이 기쁨으로 충만해 있다는 사실"[4]은 우리에게 좋은 소식이다. 그래서 우리가 신에게 우리의 모든 걱정과 근심을 다 맡기고 자유해도 좋은 것이다. 그리스 신화의 제우스 같은 인간의 상상물과 비교할 수 없는 존재가 신이다. 인간이 만든 것은 '신'이라는 이름을 붙인다고 해도 완전해지지는 않는다. 그저 인간을 닮아서 실수와 오류투성이에 불과할 뿐이다. 그 점에서 창조주 하나님과 전혀 다르다.

하나님은 괴팍한 저주의 신이 아니라 사랑의 신이다. 우리는 어항 속에 있는 물고기들을 보며 신비감을 느끼지만 신은 바닷속의 수많은 물고기를 들여다보며 즐기신다. 신은 생명의 근원이며 스스로 있는 존재다(출 3:14). 인간이 상상하여 만든 생각의 산물이 아니다. 신은 "모든 진, 선, 미, 의의 위대하고 영원무궁한 경험 그 자체"[5]이다. 신이 아름다움의 원천이며 사랑의 원조라는 사실은 우리가 신을 인생의 목적으로 삼을 만한 충분한 이유가 된다. 사랑하지 않을 가능성이 전혀 없는 신을 신뢰하는 것은 이 세상의 어떤 것을 믿는 것보다 안전할 것이다.

── 토론 가이드 ────────────────

1. '완전하다' 또는 '완벽하다'라는 말은 무엇을 뜻하는가?

2. 완벽함의 기준은 무엇인가?

3. 완전함의 절대 기준은 무엇이고 그것이 절대 기준인 이유는 무엇인가?

3.
신은 3차원과
4차원을 연결한다

신이 하는 모든 일에는 반드시 이유와 목적이 있다. 필연성이다. 신이 하는 일에는 더할 것도 없고 뺄 것도 없다. 신은 결코 맹목적으로 일하지 않는다. 신은 우연을 전제로 하는 주사위 놀이를 즐길 수 없다. 주사위 놀이는 항상 예상하지 못한 결과가 있어야 즐길 수 있는데 신에게 우연이란 없기 때문이다. 즉, 신은 우연을 동반하지 않기 때문에 주사위 놀이가 불가능하다는 말이다. 우리에게 인생은 우연의 연속인 것 같지만 신에게는 전혀 그렇지 않다.

'우연'은 '필연'의 반대말이다. 우연은 필연의 상대적 개념이다. 신이 이 세상을 창조하지 않았다면 우연이라는 말은 있을 수 없다. 필연이라는 말도 없었을 것이고 인간의 불완전함을 신의 완전함과 대조하는 일도 없었을 것이다. 다시 말하면 우연이라는 개념은 그것의 반대말인 필연의 개념이 있기에 존재할 수 있는 것이다. 즉, 인간이 우연 속에 살아가는 것은 신의 필연성을 증명하는 근거라는 말이다.

필연적 목적

신이 만약 비행기를 직접 만들었다고 치자. 그것은 인간의 상상을 초월하는 완벽한 비행체일 것이다. 중력의 영향을 받지 않고 가볍게 뜨고 내리며 한국에서 지구 반대편 미국까지 눈 깜짝할 사이에 도착할 수 있고 달과 태양, 명왕성, 다른 은하계로 원하는 시간에 편하고 안전하게 다녀올 수 있는 완벽한 비행체일 것이다. 의도한 것을 한 번에 실패 없이 완벽하게 실현하는 것은 필연이다. 필연은 우연의 반대말이다. 신의 창조는 항상 필연성을 갖고 있고 신에게 우연은 없다.

반면 우리 인간은 신과 달리 항상 우연 속에 살아간다. 성공보다 실패가 많고 만족보다 불만이 많다. 실수하고 착각하고 말을 바꾸고 마음을 바꾸기도 한다. 그렇게 우연 속에 살아가는 인간은 무엇이든 원하는 대로 되기를 바라면서 신처럼 필연적 존재가 되기를 기대한다. 학생은 시험을 보면 100점을 받기를 원한다. 또 많은 이들이 돈을 벌 거라는 기대로 사업을 하며 창업 성공률이 1% 이하라는 사실은 자신에게 해당하지 않는 경우라고 생각한다. 항상 건강하기를 바라지만 감기에 걸리는 것이 다반사다. 얼굴에 주름이 생기지 않을 것이라는 비현실적인 기대를 갖고 나이가 든다는 운명을 좀처럼 받아들이려 하지 않는다.

어쩌면 마음 한편에 있는 실패할지 모른다는 불안감을 가리기 위해 성공에 대한 기대감을 의도적으로 극대화하는지도 모르겠다.

두려운 마음을 없애려고 점쟁이를 찾아가거나 복을 주는 종교를 찾는 것이 바로 이런 이유에서 비롯된 것이다.

이렇게 우연이 주는 두려움을 해소하려는 시도가 악순환을 만든다. 성공하려는 욕심 때문에 실패의 가능성을 가리지만 현실에서는 여전히 성공할 확률이 낮다. 그러면 모든 일이 우연처럼 느껴진다. 우연이 주는 불안을 해소하기 위해 다시 현실을 부정한다. 나이 들면 주름이 생기는 것이 필연적인데도 성형수술이라도 해서 주름을 없앤다. 그러나 효과는 잠깐일 뿐 결국 나이 드는 것을 막지는 못한다. '이게 아닌데, 내가 바라던 미래는 지금 이런 모습이 아닌데'라며 실망하면서 현실을 완전히 받아들이지는 못한다. 우리는 모두 고집쟁이다.

원하는 것을 하나도 빠짐없이 이루는 것은 신만 할 수 있는 일이다. 그럼에도 우리는 예상하는 결과들이 그대로 나타나기를 기대하며 원하는 것을 포기하지 않는다. 이것이 얼마나 부질없는 생각인지 잘 알면서도 그렇게 산다. 벽에 뚫린 우연이라는 창으로 필연의 세계를 바라보며 사는 모습이다.

우리에게는 원하는 대로 되기를 바라는 필연에 대한 목마름이 있다. 필연이라는 것이 존재한다는 것을 직감하고 필연의 세계에 존재하는 어떤 존재를 감지하기 때문이다. 그가 신이다. 인간이 그토록 필연에 대한 갈급함이 마음속 깊은 곳에 있는 것은 신의 존재에 대한 동경이다. 우리는 완전함을 소유하고 싶어 한다. 자신이 바로 그 절대 기준이 되고 싶어 하는 것이다.

신-인 관계의 필연성

신이 하는 일에는 항상 목적이 있다. 목적이 신에게 주어지는 것이 아니다. 신이 목적을 창조한다. 신은 주어진 목적을 받는 것이 아니라 목적을 만들고 그 목적을 이루는 것이다. 그래서 신이 창조한 것에는 반드시 필연적 목적이 있다. 인간이 창조된 것도 우연히 된 일이 아니다. 필연이다. 만들어진 이유가 있다. 인간이 스스로 존재의 목적을 알아내기는 어렵다. 하지만 목적을 알지 못한다고 해서 목적이 없는 것이 아니다. 부모는 실수로 아이를 낳아도 신에게는 필연적인 목적이 있다. 창조에 우연이란 없다. 인간에게는 우연한 사건이지만 신에게는 절대 우연일 수 없다. 이 세상의 그 어떤 존재도 우연히 생겨날 수 없다. 즉 우리는 모두 필연적 목적을 지닌 의미 있는 존재인 것이다.

존재의 목적이 그 사람의 가치다. 사는 목적은 개인에게 존재의 가치를 부여한다. 그래서 사는 이유를 찾는 것은 우리에게 매우 중요하다. 많은 사람들이 자기 존재의 목적을 잘 알지 못한 채 살다가 세상을 떠난다. 어쩌면 스스로 자기의 존재 목적을 객관적으로 파악하지 못하고 사는 것은 큰 불편을 주지 않을 수 있다. 그러나 존재의 목적을 아는 것은 모르는 것보다 백 배, 천 배, 만 배로 유익하다.

우리는 왜 태어났을까? 나는 무슨 목적으로 만들어졌을까? 신이

나를 만든 목적은 무엇일까? 신은 왜 우주를 창조했을까? 신은 왜 인간을 만들었을까? 이 중대한 질문들의 답을 찾기 위해서는 이 세상에 존재하는 모든 생명체는 신 없이 존재할 수 없다는 사실을 전제해야 한다.

모든 것이 신의 창조로 존재한다. 창조의 결과물 외에 아무것도 없다. 무에서 유를 만든 창조 행위는 발명과 다르다. 반면 인간은 발명할 뿐 창조하지 못한다. 예를 들어 자동차는 신이 만든 것들을 재료 삼아 발명된 복합체다. 신의 창조와 인간의 발명은 모두 의미가 있다는 점에서 같다. 창조에는 이유가 있듯 발명에도 이유가 있다. 그러나 과정이 다르다. 신은 인간처럼 시행착오를 겪지 않는다. 만들고자 하는 대상의 궁극적인 모습과 특징을 미리 명확히 알고 만든다. 하지만 인간은 재료를 조합하여 조금씩 더 완성도를 높여간다. 실패를 경험하고 오류를 수정하는 과정을 거치며 기술을 축적하는 것이다. 반면 신은 실수 없이 목적한 대로 창조한다. 실패나 오류가 없다. 우연히 만드는 경우가 없다. 기술을 축적할 일도 없다.

신의 창조와 인간의 발명이 다른 점 하나가 더 있다. 신은 창조하는 각 피조물의 고유성을 부여한다. 신은 전 세계 75억 명을 개별적으로 안다. 즉 75억 명 모두 각각 창조 목적이 있는 것이다. 반면 컴퓨터 같은 인간이 만드는 제품은 모두 같은 목적을 갖는다. 고유 번호만 붙일 뿐이다. 오히려 컴퓨터를 사용하는 인간이 어떤 목적으로 사용하느냐에 따라 1번 컴퓨터와 2번 컴퓨터가 다를 수 있다.

이것은 제품의 생산자가 정하는 목적이 아니다. 사용자가 정하는 목적이다. 신이 각 개인에게 고유한 존재 목적을 부여하는 것과 사뭇 다르다.

즉 신이 만든 것은 그 어떤 것이든 필연적이다. 신이 계획한 청사진 그대로 지어진 필연적 존재는 우연히 생겨난 것이 절대 아니다. 그리고 그렇게 필연적으로 만들어진 피조물에는 우리 각 사람이 포함되어 있다. 우리 각 사람은 모두 우연히 생겨난 존재가 아니다. 신의 필연성으로 만들어진 필연적 존재다. 우리가 우리의 존재 목적을 우리의 기준으로 판단하려 하면 그 결과는 항상 우연일 것이다. 왜냐하면 내가 나를 지은 창조자가 아니라 창조의 주체가 나를 현재 이곳에 존재하게 했기 때문이다. 그래서 내가 사는 이유를 찾으려면 내가 아니라 나를 만든 신에게서 이유를 찾아야 한다.

신의 계획은 인간의 기대와 일치하지 않는 경우가 많다. 그래서 인간의 편에서는 모든 것이 우연처럼 느껴지지만 신에게는 모든 것이 필연적이다. 신에게는 그 어떤 일도 우연이 없다. 이것이 신과 피조물의 차이점이다. '나는 엄마 아빠의 실수로 태어났어!'라고 생각하는 것은 곧 '나는 우연히 태어났어!'라고 하는 것과 같다. 그러나 신 앞에서는 틀린 말이다.

그래서 신의 목적을 이해하지 못하면 모든 일을 우연이라고 여긴다. 경험하는 모든 일을 대부분 우연히 발생한 것처럼 느끼는 것이다. 그러나 신의 목적에 관심을 갖게 되면 우연보다는 필연을 보게 된다. 따라서 삶의 목적이나 이유를 조금이라도 알기 원하면 선택해야 한다. 신의 의도를 택하겠는가, 아니면 인간의 기대를 택하겠는가? '나는 신의 목적을 따라 창조된 필연적 존재다'라는 말에 동의하겠는가, 아니면 '나는 특별한 목적 없이 우연히 태어난 존재다'라는 말을 믿겠는가?

다시 한 번 강조하지만 그 어떤 것도 신 없이 존재할 수 없다. '저는 우연히 태어난 것 같아요'라고 생각하는 것은 '이 세상에 신은 없어'라고 생각하는 것과 같다. 옛 어르신들이 하는 말 중 "야, 너는 다리 밑에서 주워 왔어"라는 말이 있다. 인간의 입장에서 보면 어쩌다 우연히 생겨난 존재라고 생각할 수 있지만 신의 입장에서는 결코 우연이란 있을 수 없다. 인간의 우연한 실수는 신이 필연적 목적을 이루는 데 사용되는 수단일 뿐이다. 신의 존재를 믿는다면 곧 존재의 필연성을 믿어야 한다. 내 존재의 필연성을 믿는다면 그것은 곧 신의 존재를 믿는 것이다. 이 두 가지 사실은 동전의 양면과 같다.

신은 인간과 차원이 다른 존재다. 우리가 3차원에 살면, 신은 4차원 이상에서 살아야 한다. 하지만 차원이 다르다고 무조건 신이라 할 수는 없다. 차원이 다르지만 창조자로서 그 아래 차원의 피조물과 관계가 있어야 한다. 창조자와 피조물의 관계로서 말이다.

플라톤의 제자이며 알렉산더 대왕의 스승으로 알려진 고대 그리스 철학자 아리스토텔레스는 인간 존재의 근원을 연구하는 형이상학을 연구했다. 볼트나 칸트, 헤겔 등의 철학자들도 존재의 근원을 알고자 애썼다. 이미 고대부터 인간은 우주의 존재가 어디서 출발했는지를 연구해왔다. 서양과 동양 사람들이 존재의 근원에 대해 연구한 접근 방식이 조금 다르지만 중요한 공통점은 우주가 어떻게 시작되었는지에 대한 호기심이다. 피조물이 조물주를 연구한다는 것은 쉽지 않은 일이다. 조물주가 피조물에게 그의 존재를 알려주기 전에는 불가능한 일이다. 3차원의 인간이 4차원의 신을 알기 위해서는 신의 도움이 절대적으로 필요하다. 차원을 넘는 일은 아래 차원의 존재가 할 수 있는 일이 아니기 때문이다.

우주의 근원은 우주 자신이 될 수 없다. '범신론'은 우주를 만든 존재가 곧 우주라고 생각하는 이론이다. 하지만 범신론은 우주가 우주 자신을 만들 수 없다는 점을 간과한 오류가 있다. 우주보다 한 차원 높은 어떤 존재가 있어야 우주가 창조될 수 있다.

인간의 지성은 물질세계와 영적 세계를 구분하는 개념을 다룰 수 있다. 누구나 현세로서의 3차원과 3차원 넘어에 있는 영적인 세계, 즉 4차원을 인식하며 산다. 누구나 현세를 뛰어 넘는 고차원의 세계에 호기심을 갖는다. 우리는 영적 세계를 알고 싶어 한다. 영적 세계는 미지의 세계이고 우리는 그 세계에 대해 흥미로워한다.

마술사가 중국의 만리장성을 유유히 뚫고 지나가는 것을 보면 신기하다. 연필이 멀쩡한 동전을 부드럽게 뚫는 마술은 매우 흥미로운 일이다. 관객이 수십 장의 카드 중 하나를 뽑으면 마술사는 그 카드가 무엇인지 정확히 알아맞히고 사람들은 흥분한다. 마술을 흥미롭게 여기는 것은 인간의 마음에 초자연적 세계에 대한 관심이 있다는 증거다. '전설의 고향'과 같은 텔레비전 프로그램이 꾸준한 시청률을 지키는 것도 영적인 세계를 알고 싶어 하는 마음이 반영된 것이다. 미국에서는 매년 10월에 할로윈데이를 지킨다. 그날에는 아이나 어른 모두 귀신 복장을 하고 집집마다 들러 사탕을 구걸한다. 또 집들은 흉가처럼 꾸며 놓고 사탕을 구걸하러 오는 아이들에게 준비해 두었던 사탕을 준다. 이 행사는 오래전 미국에 온 아일랜드 사람들이 가져온 독특한 문화다. 그들은 죽은 사람들의 영혼이 10월 31일만 되면 마을을 찾아온다고 믿고 귀신이 산 자들을 해하지 못하도록 귀신처럼 분장해서 오히려 겁을 주고 내쫓았는데 그 풍습이 이어진 것이다. 영적 세계는 미지의 세계이고 두려운 모험의 세계다. 그냥 무섭기만 한 것이라면 별로 흥미롭지 않겠지만 영의 세계는 단순한 두려움의 대상 그 이상이다.

실재하는 영적 세계

어떻게 보면 영적 세계는 생각만큼 그렇게 끔찍하고 무서운 곳은 아니다. 어쩌면 그리운 고향과 같은 곳이 아닐까 싶다. 마치 부모를 떠나 객지에 나온 지 오래되어 고향을 다 잊은 것 같지만, 마음 깊은 곳에는 고향에 대한 흐릿한 추억이 남아 있는 것과 같다고 볼 수 있다.

영적 세계에 대해서 오해를 최소화하기 위해서는 신을 잘 이해해야 한다. 영적 세계는 인간과 우주가 존재하기 전에 이미 존재한 고차원의 세계다. 4차원은 3차원의 뿌리다. 만약 4차원이 3차원과 연관이 전혀 없다면 4차원을 상상하는 것 자체가 무의미하다. 4차원과 3차원이 관련되어 있다면 그 이유는 한 가지다. 4차원이 3차원을 창조한 모체라는 것이다.

3차원은 4차원을 상상할 수 있지만 창조할 수는 없다. 4차원은 3차원을 만들 수는 있어도 3차원을 상상할 이유가 없다. 인간이 신을 만들었다고 생각하면 신은 그저 상상 속 동화 나라 정도밖에 되지 않는다. 그러면 3차원에 사는 우리에게 4차원의 영적 세계는 의미가 없다. 인간을 창조한 신이 있다는 사실을 믿는 것도 따지고 보면 기적이다. 신이 인간에게 신의 존재를 인식하게 하지 않았다면 불가능하기 때문이다. 개미가 인간의 존재를 상상조차 할 수 없듯이 인간은 신의 존재를 상상조차 할 수 없을 수도 있었다. 그러나 신의 메시지는 인간에게 신을 인식하게 만들었다.

물질세계는 영적 세계의 산물이다. 혹시 이 순간 영적 세계가 인간이 상상으로 만들어 낸 신화 정도로 생각하고 있지 않은가? 그래서 영적 세계가 인생에 전혀 의미가 없다고 생각하는 것은 아닌가? 영적 세계를 단순히 상상 속의 동화 나라 정도로 느낀다면, 당신은 도덕이나 윤리 같은 것을 고리타분하고 쓸데없는 것으로 여길 것이다. 그렇게 믿으면 하고 싶은 대로 마음껏 즐기면 그만이다.

방탕의 끝은 파멸이다. 방탕의 가장 극단적 현상은 중독이다. 상담실에 찾아오는 중독자들은 한결같이 자기 스스로 그들의 문제를 풀 수 있다는 강한 신념을 갖고 있다. 그것이 문제다. 그래서 중독의 문제를 풀기 위해 가장 먼저 해야 할 일은 자기 스스로 노력해서는 중독의 늪에서 결코 빠져나올 수 없다는 것을 철저히 인정하는 것이다.

또 한 가지, 중독의 문제는 사랑하지 말아야 할 것을 사랑하고 있다는 점이다. 술 중독에 빠진 사람들은 술을 사랑한다. 도박에 중독된 사람들은 돈을 사랑한다. 포르노그라피 중독도 성적 쾌락이 주는 황홀경을 사랑한다. 사람을 사랑하지 않고 쾌락 자체를 사랑하는 그릇된 신념이 문제인 것이다. 주위 사람들이 아무리 말려도 중독의 늪에서 나오지 않는 이유는 의지가 있어도 못 나오는 것이 아니라 그것을 너무 좋아하기 때문이다. 비인격적 대상을 인격적인 사랑의 대상으로 착각한 끔찍한 오류다. 그 결과 주위 사람들과 멀어지는 비참하고 씁쓸한 비극을 맞는다. 중독에서 벗어나도 지속적으로 술이나 도박이 생각나는 것은 한때 죽도록 사랑했던 연인을 추억하는 것과 같다. 그까짓 술이 뭐라고, 그까짓 도박이 뭐라고, 자기 자신과 가족과 소중한 모든 것을 망가뜨리는가? 중독자들에게 술은 술이 아니라 사랑의 대상이고 도박은 그저 심심풀이로 즐기는 놀이 정도가 아니라 몸을 불살라 사랑할 연인이다. 바로 이것이 심각한 오류다. 그렇게 중독은 모든 것이 파멸해도 그 중독의 대상으로부터 발길을 돌리지 못하는 처참한 비극이다. 이것은 생각보다 일반적이다. 일반인이고 정상인이라도 돈을 최고로 생각하고 명예를 쫓는다면 중독 환자와 다름없다. 이러한 중독에서 벗어나는 길은 신과 내가 깊은 관계에 놓여 있다는 사실을 현실로 받아들이는 것뿐이다.

영적 세계가 자신과 전혀 상관없다고 생각하는 순간 인생의 목적은 돈과 명예로 귀결된다. 수단과 방법을 가리지 않고 돈을 벌면 고생 끝, 행복 시작이라고 생각하는 것은 큰 오산이다. 인생은 그런 목적으로 만들어진 것이 아니기 때문이다. 이 오류에서 벗어나려면 창조신을 추구하는 길밖에 없다. 그것이 인생의 참된 의미를 알게 해주는 열쇠다.

우리는 C. S. 루이스가 말한 자연법을 따라 살든지, 자연법을 무시하며 살든지 양자택일해야 한다. 신의 기준을 따르는 것은 신을 알기 위해 신을 추구하는 것을 말하며 그 결과는 평안이다. 반대로 신의 기준을 따르지 않으면 괴로움을 경험할 수밖에 없다. 한없이 편하자고 안락이라는 길로 가면 그 끝에는 우울과 불안이 도사리고 있다.

우울증은 사는 이유나 의미를 상실한 채 에너지가 고갈된 정서적 상태를 말한다. 한편 바쁘고 정신없이 사는 인간의 문제도 불안증 때문이다. 마음이 안정되지 않고 계속 바쁘게 일해야 마음이 편해지는 것 같아 쉬지 않는다. 아직 일어나지도 않은 일을 걱정하고 짜증을 낸다. 강박증에 걸린 사람도 이와 비슷하다.

미국에서 강박증에 시달렸던 어떤 사람은 사막의 고속도로를 주행하다가 문득 '어? 혹시 내가 방금 사람을 치고 그냥 모른 척하고 달려온 것 같은데 그 사람이 죽기라도 하면 어쩌지? 아니야, 내가 그럴 리가 없지. 아니야, 그렇게 했을 수도 있어'라는 불안한 생각 때문에 오던 길을 30분 동안이나 돌아가서 확인하는 일을 자주 반복했다고 한다. 어떤 주부는 외출하여 친구들을 만난 자리에서 안절부절못한다. 혹시 주방의 가스레인지를 켜 놓고 왔을지 모른다는 불안감 때문이다. 문을 분명히 잠갔지만 다시 집으로 돌아가서 잘 잠겨 있는지를 확인할 때도 있다. 강박증 때문이다.

신을 추구하지 않으면 불안과 초조를 겪게 된다. 불안정한 마음을 달래기 위해 술을 찾는 사람들도 있다. 미국에 음식과 함께 한편에 바(bar)를 만들어 술을 파는 식당이 많아졌다. 경제가 안 좋아지면서 가족 외식은 줄었지만 오히려 술 소비량은 많아진 것이다. 술은 괴로움이라는 고통을 줄여 주는 진통제 역할을 하고 정신을 이완시켜 불안과 초조를 억제할 수 있다. 그러나 고통의 문제를 해결해 주기보다 방탕의 길로 끌고 가기 쉽다는 점에서 위험하다.

술의 종점은 방탕이다. 방탕은 이기적인 자아를 강화하여 주위 사람들을 고통에 빠지게 한다. 방탕의 결과는 파괴다. 방탕한 사람은 자신을 위해 주위의 모든 것을 소비한다. 가족까지 희생시키면서 자기가 원하는 것을 추구하는 것이 방탕이다. 그래서 방탕은 모든 것을 파괴적으로 빨아들이는 블랙홀과 같다. 생명의 질서를 정반대로 역행하는 것으로 방탕한 사람을 멈출 수 있는 것은 아무것도 없다. 자신이 자발적으로 4차원의 창문을 향해 도와 달라고 외치기 전까지는 방탕의 감옥에서 벗어날 수 없는 것이다.

우리는 모두 방탕하기가 쉽다. 자기중심적인 인격체로서 인간이 겪는 고통의 문제는 오직 창조신만 해결할 수 있다. 만든 이가 만들어진 존재에 대해 가장 잘 알기 때문이다. 그렇다면 창조신은 왜 인류를 만들었을까? 그 목적이 무엇일까? 창조신은 과연 어떤 존재이고 피조물이 창조의 목적에 대해 알 수 있도록 어떤 단서를 남겨두었을까? 창조신의 창조 목적은 과연 이루어질까? 다음 장에서도 이런 질문에 대해 계속해서 답을 찾고자 한다.

— 토론 가이드

1. 3차원과 4차원의 차이는 무엇인가?

2. 신의 목적은 반드시 이루어지는가, 아니면 이루어지지 않을 수도 있는가?

3. 신과 인간은 반드시 관련이 있어야 하는가?

4. 신과 인간의 관계는 어떤 관계여야 하는가?

4.
신이 추구하는 것은
사랑이다

목적은 그것을 성취하는 방법에 비해 항상 가치가 높다. 그래서 건강이 밥보다 높은 가치이고 밥이 돈보다 더 높은 가치를 지닌다. 돈을 벌 목적으로 하는 노동도 마찬가지다. 돈을 버는 노동은 돈에 비해 가치가 낮다. 단, 돈보다 명예를 목적으로 하는 노동은 전자에 비해 훨씬 가치가 높다. 같은 수단이라도 목적에 따라 가치가 더 높을 수도, 낮을 수도 있는 것이다. 명예와 영광은 돈과 밥을 합쳐도 그에 비해 가치가 높다. "많은 재물보다 명예를 택할 것이요 은이나 금보다 은총을 더욱 택할 것이니라"(잠 22:1)는 말씀에서 가치 비교에서 분명 절대적으로 더 높은 가치를 지닌 것이 있다는 것을 알 수 있다.

가장 높은 가치가 무엇인지 알기 위해서는 신이 추구하는 것이 무엇인지 알아야 한다. 그것이 우리의 최종 목적이기 때문이다. 최종 목적을 찾으면 모든 것을 사용하여 그 목적을 이루기 위해 최선을 다해야 한다. 가치를 따져 보며 궁극적인 절대 가치를 찾아야 하는 것이다.

계산의 오류

비싼 것과 싼 것을 바꾸는 것은 손해다. 콜라 한 병을 사기 위해 다이아몬드를 내는 것은 어리석은 짓이다. 중독이 나쁜 이유 중 하나가 이것이다. 중독으로 인생을 송두리째 마약과 도박과 바꾸기 때문이다. 포르노 중독, 술 중독, 도박 중독 등은 모두 가치의 우선순위 질서에서 벗어난 무모함이다. 가치를 따져 보지 않고 좋아 보이면 정말 소중한 것을 지불하는 피노키오의 어리석음이다. 인간은 가졌다고 생각하는 것에 싫증을 느끼고 또 다른 새로운 것을 소유하려 한다. 마치 먹이를 찾아 헤매는 하이에나처럼 말이다.

미국의 중산층 가정이 보통 3년, 길면 5년에 한 번씩 차를 바꾼다는 통계가 있다. 표면상의 이유는 고장나기 전에 바꾸려는 것이라고 하지만, 결국은 싫증이 나기 때문이다. 한두 해가 지나면 새로운 차들이 등장하고 매력적인 모양과 색깔, 더 편리해진 장치들이 기존의 자동차를 고물처럼 느끼게 만든다. 새것을 좋아하는 우리의 본성이다. 그러나 절대 가치를 따져 보지 않고 그저 새것을 추구하는 것은 올바른 일이 아니다.

우리는 갖지 못한 것을 동경한다. 그것은 산업 발전을 이루는 힘이지만 다른 한편으로는 바꾸지 말아야 할 것까지 바꾸게 한다. 자주 차를 바꾸는 것보다 훨씬 심각한 문제는 이혼율이다. 미국인이 결혼해서 6년 안에 이혼할 확률은 50%라고 한다. 열 가정 중 다섯 가정 이상이 6년 안에 이혼한다는 말이다. 이혼하는 데는 여러 이유가 있을 것이다. 그런데 새것을 선호한다고 배우자까지 새것을 원해서 이혼하는 것은 곤란하다.

우리가 헌것을 얼마나 싫어하는지 모른다. 만약 몸을 바꿀 수만 있다면 건강이나 외모가 시들해질 때마다 많은 비용을 들여 몸을 바꿀 것이다. 그러나 외모의 일부는 수술로 바꾸지만 몸 전체를 새로 교체하는 것은 불가능하다. 그래서 파릇파릇한 새로운 에너지를 경험하기 위해 여러 방법을 동원한다. 몸에 좋다는 음식을 찾아 먹고 보약도 지어 먹는다. 건강해지려는 노력은 좋지만 맨날 먹는 음식이 지루해서 새로운 메뉴를 찾아다니는 것은 사치고 강박이다. 무조건 헌것이라고 싸구려 취급을 하는 것은 옳지 않다.

'우리는 과연 먹기 위해 사는가, 아니면 살기 위해 먹는가?'라는 질문을 해보자. 돈이 아무리 없어도 점심시간이면 메뉴가 샐러드인 유명 음식점에는 줄을 서서 기다리는 사람들로 넘친다. 줄을 서서 기다리다가 정해진 시간 안에 먹고 다음 손님을 위해 일어서야 한다. 한 사람당 만 원을 지불하지만 많은 사람들이 그곳을 다시 찾는다. 비싸지만 고급스러운 느낌 때문이다. 자리를 잡기 위해 예약은 필수다. 이것은 새로운 풍속도다. 사람들은 맛있고 기분 좋은 식사를 하기 위해 맛집을 찾는다. 전쟁 직후 세대가 들에서 잡은 토끼를 모닥불에 구워 먹던 이유와는 사뭇 다르다. 굶어 죽기 싫어서 음식이 될 만한 것을 찾아 먹던 시대와는 완전히 다른 것이다. 그 시절에는 단지 '살기 위해 먹는다'라고 생각했을 것이다.

과거와 달리 지금은 건강 유지를 위해 굶기도 한다. 건강 식단에 따라 칼로리를 계산하며 먹는다. 특히 혈압이 높은 사람은 짠 음식을 삼간다. 고지혈증이 있는 사람은 지방이 많은 고기류를 피하고 야채 위주의 식단대로 먹는다. 어느 보험 회사는 고객들에게 만보기를 주고 정해진 만큼 걷게 한다. 그래서 고객이 매일 얼마나 걸었는지를 체크하고 일정량을 걷지 않으면 보험료를 올리는 경우도 있다. 헬스장은 매일 아침과 저녁으로 땀을 흘리며 열심히 운동하는 사람들로 넘친다. 심지어 비만 때문에 건강을 고민하는 개그맨이 체중을 감량하는 코미디 프로도 있었다.

식욕을 참는 것은 20년 전만 해도 사치스러운 일이었다. 한국 전쟁을 겪으며 굶기를 밥 먹듯이 하던 시절에는 어른들이 "뛰면 배 꺼진다"라고 호통을 쳤다. 그러나 지금은 다르다. 많이 먹는 것보다 조절해서 먹는 편을 택한다. 건강을 유지하려고 많이 먹어야 하는 때가 있었지만 지금은 적당히 먹어야 하는 분위기다. 그러나 과거와 현재 풍속도가 달라졌다고 건강이라는 가치가 변한 것은 아니다. 방법만 변한 것이다.

우리는 돈의 가치를 높이 평가한다. 그러나 돈은 재화의 가치를 숫자로 보여 주는 수단일 뿐, 그 가치는 변한다. 30년 전 어떤 집 한 채가 5,000만 원이었다면 지금은 2억 원도 넘는다. 그 집을 소유한 주인은 가격이 올랐다고 좋아할 수 있지만 그 돈으로 구입하려는 다른 집들도 그만큼 가격이 올랐다는 것에 실망하게 된다. 커진 것은 숫자일 뿐 실제로 얻는 것은 그대로거나 더 적어진 것이다. 오래 전 짜장면 한 그릇은 500원이었다. 하지만 지금은 4,500원 하는 곳도 있고 10,000원 하는 데도 있다. 짜장면의 재료나 양 또는 요리사의 수고는 크게 변한 것이 없지만 값을 매기는 돈의 크기는 바뀐 것이다. 사회적으로 제품의 생산량은 크게 늘지 않았는데 찍어 내는 돈이 많아지면서 돈의 가치가 상대적으로 줄어들고, 결과적으로 예전보다 버는 돈은 많지만 동시에 쓸 돈도 많아진 것이다. 이로써 알 수 있듯이 돈으로 가치의 기준을 삼는 것은 결코 오래 가지 못한다.

절대 가치의 실체

그러나 세월이 변해도 변하지 않는 가치가 있다. 어떤 이들은 그것이 '금'이라며 꾸준히 금을 모은다. 그런데 정말 금일까? 절대 가치를 지니고 있는 것이 무엇인지 스스로 진지하게 물어볼 필요가 있다. 무엇을 위해 무엇을 포기해야 하는지 스스로 생각해 보기를 권한다.

과거에 배고팠던 세대와 달리 지금은 배만 부를 뿐 마음은 여전히 허전하다. 이제 육체의 굶주림을 채웠으니 마음의 허전함을 채우고 싶을 때다. 공허함을 채우기 위해 우리는 돈과 명예를 추구한다. 시대가 바뀌면서 경제적으로 중산층이라는 사람들이 생겼다. 전에는 양반과 귀족 같은 사람들이 돈과 명예를 독점했다면 지금은 대중이 돈과 명예를 조금씩 나누어 갖게 된 것이다. 중산층의 존재를 알리는 대표적인 문화가 백화점이다.

백화점은 아무나 들어갈 수 있는 큰 건물 안에 각종 물건을 전시해 놓아서 누구든지 그중 원하는 것을 구매할 수 있는 곳이다. 백화점이 생기면서 사람들은 누구나 고가의 물건을 소유할 수 있게 되었다. 수요가 늘어나면서 물건을 생산하는 양을 늘리고 값을 낮추는 박리다매 정책이 효과가 있었다. 누구나 고급 물건을 구경할 수 있고 돈만 있으면 자기 것으로 만들 수 있는 기회가 일반화된 것이다. 대중이 자기 인생을 귀족처럼 만들 수 있다고 느끼기에 충분했다. 배고픔이 해결되고 마음을 채우려는 인간들에게 달콤한 구매욕을 선사한 것이다.

중산층을 만든 주역으로 가전제품을 빼놓을 수 없다. 냉장고는 언제든 꺼내 먹을 수 있는 신선한 음식을 제공했다. 텔레비전은 매일 저녁 집에서 가족이 함께 즐기는 여가 시간을 주었다. 무엇보다 공허함을 채우기에 유용해 보이는 것은 단연 스마트폰이다. 누구나 들고 다니는 휴대폰은 손가락 터치 하나로 전 세계의 정보를 접하고 수많은 지인과 연결된다. 사람들과 실시간으로 원격 대화가 가능해 멀리 있지만 같이 있는 느낌을 준다. 외롭지만 외롭지 않게 해주는 유용한 서비스다. 사용자들(users)은 항상 함께 있고 싶은 사람들과 스마트폰의 채팅 기능을 통해 공허한 마음을 채우려 한다. 손에 든 작은 기기 하나가 마치 인생을 통제할 수 있다는 착각까지 들게 한다.

　좋은 음식을 맛있게 먹는 것을 낙으로 삼는 것이 인생 전체를 차지할 수는 없다. 아무리 생각해도 먹기 위해 살기보다는 살기 위해 먹는 것이 맞다. 먹기 위해 생명을 유지하는 것은 정말 이상하다. 살기 위해 먹는 것이 이치에 맞다. 생명은 최고의 가치다. 생명을 유지하기 위해 필요한 그 어떤 것도 생명보다 귀할 수 없다. 먹고 마시는 것을 생명의 가치 위에 두는 것은 가치를 왜곡하는 일이다.

　하지만 인간은 가치 왜곡의 달인이다. 목숨을 걸어서라도 모든 것을 소유하고 싶어 하고 금을 목숨보다 더 중요하게 여기는 것이 바로 그런 모습이다. 반면 신은 그렇지 않다. 신은 가져 보지 못한 것이 없고 신에게 새로운 것은 없다. 신은 스스로 충분하다. 무언가 필요하다면 신일 수 없다. 신이 무언가 필요해서 인간을 창조했을 리가 없다. 신이 외로움을 느끼거나 인간에게 어떤 도움을 받을 필요가 있을 가능성은 전혀 없는 것이다. 신이 무언가를 얻고 싶어서 이 세상을 만든 것이라면 말이 안 된다. 이것은 대기업 재벌 총수가 단지 떡볶이를 먹고 싶어서 떡볶이 가게를 개업한 것이나 마찬가지다. 신이 원하는 것은 이 세상에 없다.

　신이 비싼 차를 추구하겠는가? 영국 국왕 소유의 거대한 집을 추구하겠는가? 이미 모든 피조물이 신의 창조물이다. 신이 추구하는 것은 이 세상의 어떤 것이 아니다. 신이 원하는 것은 결국 신 자신이다. 신은 절대 가치다. 가치의 최고점이며 가치의 기준이다. 그러므로 인간의 목숨이 귀하지만 신보다 귀할 수는 없다. 그래서 우리 인생의 목적도 신이 되어야 한다. 그래야 가치의 왜곡을 조금이라도 덜 범한다. 가치 질서에서 벗어나지 않으려면 신을 인생의 목적으로 두어야 한다.

이 세상에서 가장 비싼 것은 인간의 목숨이다. 인간의 생명만큼 가치가 높은 것은 없다. 생명과 견줄 만한 가치는 이 세상에 없다. 그런데 생명과 바꿀 수 있는 유일한 것이 있다. 바로 사랑이다. 인간은 사랑을 위해 목숨을 바칠 수 있다. 사랑이 목숨보다 더 가치 있고 절대적이기 때문이다. 이것은 중독과 다르다. 술을 사랑해서 목숨까지 버리는 것과 차원이 다른 것이다. 정말 중독에 빠지고 싶다면 사랑 중독을 추천한다. 사랑 자체를 사랑하는 것이 가장 안전하기 때문이다.

2008년 5월에 중국에 대지진이 일어났다. 진도 7.8의 강진 때문에 7만 명이 넘는 사람들이 죽거나 실종되었다. 쓰촨 성의 폐허 속에서 구조대원들이 모녀의 시신을 발견했다. 먼저 웅크리고 있는 여인의 시신이 나왔다. 흙더미를 조심스럽게 더 파헤치자 여인의 품에 여자 아이가 고요히 잠들어 있었다. 어린 딸이 엄마의 품속에서 함께 숨진 것이다. 딸을 품은 엄마의 오른손에는 젓가락이 있었다. 모녀는 식사 중 변을 당한 것이다. 그리고 엄마가 딸을 살리기 위해 몸을 던진 긴박한 순간이 고스란히 남았던 것이다. 엄마와 딸의 마지막 순간은 정지화면처럼 남아 숭고한 어머니의 사랑이 전

세계에 생생하게 전해졌다. 어머니의 위대한 사랑은 지진의 공포와 절망을 덮은 신비하고 위대한 힘이었다.

사랑은 우주에서 가장 비싼 것이기에 모든 것을 소비할 만하다. 인간이 상상할 수 있는 한계 안에서 사랑만큼 비싼 것은 없다. 신이 추구하는 것이 이 세상에 있다면 그것은 사랑일 것이다. 하지만 사랑은 이 세상의 것이 아니다. 사랑은 우주 밖 저 멀리서 온 것이다. 그 사랑을 우리가 직접 경험하는 것은 신비다. 고고학자가 고대 문명의 화석을 발견하는 것보다 더 큰 사건이다. 사랑의 실체를 잘 알지 못해도 사랑의 그림자 정도만 알고 사랑을 위해 목숨까지 바치는 것은 놀라운 일이다. 사랑은 거룩하고 고차원적이다. 한마디로 설명할 수 없는 신비다. 그래서 사랑을 싫어하는 인간은 없다.

사랑을 하면 "오래 참고 친절해지고 질투하지 않으며 자랑하지 않고 잘난 척하지 않는다. 버릇없이 행동하지 않고 이기적이거나 성내지 않으며 악한 것을 생각하지 않는다. 불의를 기뻐하지 않고 진리와 함께 기뻐한다. 모든 것을 참으며 모든 것을 믿으며 모든 것을 바라고 모든 것을 견딘다. 사랑은 결코 없어지지 않는다"(고전 13장). 사랑은 인간을 변화시키는 신비의 명약이다. 우리는 모두 이기적이지만 일단 누군가를 사랑하면 이타적으로 변한다. 동화에서 개구리가 신비의 약을 먹으면 인간이 되는 것처럼 사랑을 하면 완전히 다른 인간이 된다. 사랑은 생명을 살리는 힘이고 마음의 독소를 제거하는 해독제다. 신비의 명약, 사랑은 절대 가치의 실체인 것이다.

사랑도 일종의 부작용이 있다. 사랑을 많이 하면 '바보'가 된다. 아빠가 딸을 많이 사랑하면 '딸 바보'가 되듯이 누구나 사랑을 하면 '사랑 바보'가 된다. 사랑하는 대상이 원하면 무엇이든 다 들어줄 것처럼 사랑 때문에 죽고 사랑 때문에 산다. 사랑 때문에 남을 위해 자기를 희생하는 '바보'가 되고 절대 행복에 취해 사랑에 중독되면 결국 주위 사람들에게도 사랑을 전염시켜 또 다른 사랑 바보를 만든다.

사랑 바보는 걱정도, 두려움도 잊고 마냥 행복하다. '사랑의 세계'에 들어가면 사랑을 위해 모든 것을 소모할 수 있다. 사랑은 최고의 고차원적인 열정으로, 타인을 위해 자기가 희생되는 것을 알면서도 그 희생을 즐거워하는 사랑 바보를 양산한다. 사랑은 인간이 경험하는 우주 최고의 특권이다.

자신을 추구해야 하는 신

신이 추구하는 것은 사랑이다. 금이나 은도 아니고 부동산도 아니다. 명예나 권력도 아니다. 신이 원하는 것은 사랑이고 그래서 자신을 추구한다. 예수님의 제자 요한이 말한 대로, 신은 사랑이다(요일 4장). 생명은 돈과 바꿀 수 없는 가치를 지니고 있다. 그리고 사랑은 생명보다 귀하다. 그러나 이 세상에서 가장 가치 있다고 할 수 있는 사랑은 이 세상의 것이 아니다. 다른 차원의 세계에서 온 것이다.

사랑은 신비로운 어떤 것, 분명 좋은 것이다. 사랑은 기쁨과 행복을 주고 용서하게 하고 서로 하나가 되게 한다. 심지어 목숨까지 희생하게 한다. 사랑은 모든 인간의 관심사로 누구나 사랑을 원한다. 그것을 구하는 방법은 사람마다 다르지만 사랑을 귀하게 여기지 않는 사람은 없을 것이다. 이 세상에서는 사랑을 흉내만 내도 훌륭한 사람으로 평가해 준다. 사랑은 가장 신적인 현상이며 가장 신적인 감정이다.

신이 추구하는 대상은 신 자신이다. 신이 사랑이기에, 신이 사랑을 추구하지 않고 다른 것을 추구한다는 것은 신을 평가 절하하는 오류다. 인간이 자신을 추구하는 것은 이상한 일이지만 신이 자신을 추구하는 것은 지극히 정상이다. 신이 이 세상을 창조한 것은 신 자신을 추구하기 위해서다. 신이 세상을 만든 목적은 사랑인 것이다.

우리의 최종 목적도 신이며 그 외 다른 것을 바라는 것은 스스로 인생의 가치를 저렴하게 만드는 일이다. 사랑을 추구하는 것은 생명을 살리는 일이며 우리 모두에게 유익하다. 신이 신을 추구하고 인간도 신을 추구해야 마땅하다. 도움이 필요해서 신을 찾는 것이 아니라 신을 찾기 위한 목적으로 다른 것을 수단으로 삼아야 한다. 인간의 최종 목적은 신이어야 한다. 그것이 정상이다.

신이 추구하는 것을 인간도 추구해야 한다. 왜냐하면 신이 인간을 만들었기 때문이다. 신을 추구하기 위해 인간은 자기가 신처럼 될 수 있다는 허무한 꿈부터 버려야 한다. 신처럼 되고 싶은 욕망의 끈을 끊어 버리기 위해서는 신을 사랑해야 한다. 신을 사랑하면 고통의 문제를 해결하는 방법을 찾게 된다. 인간 스스로의 힘으로는 불가능하다. 전적으로 신이 준비하고 만들어 놓은 방법으로만 가능하다.

신은 사랑의 원천이며 사랑의 정품이고 우리 인간의 사랑은 모조품이다. 마치 달에 비친 태양 빛과 같이 우리의 사랑은 신을 반사할 뿐이다. 신의 사랑은 변질되지 않는다. 하지만 인간의 사랑은 변질되어 상해 버리는 불량품이다. 그럼에도 사랑하지 않는 것보다 불량품 사랑이라도 하는 것이 낫다. 신을 추구하는 것은 사랑과 사랑의 원천을 추구하는 일이기에 최고로 가치 있는 일이다.

최초의 인류인 아담은 신이 금한 것을 취하는 대신 자신의 생명을 버렸다. 그 결과 온종일 일하지 않으면 먹을 것을 얻지 못하는 신세가 되었고, 인류는 죽도록 일해야 하는 운명에 놓였다. 척박한 땅을 갈아서 씨를 심고 잘 경작한 식물의 열매를 수확해야 겨우 먹을 수 있게 된 것이다. 문명이 발전하면서 농사 기술이 발달하고 농작물의 수확량이 늘었지만 그만큼 인구도 늘었다. 서로 치열한 경쟁을 해야 하는 상황이 된 것이다. 남보다 잘해서 일자리를 얻고 자기 '밥그릇'을 지켜야 하는 고달픈 인생이 되었다. 다행히 라면처럼 싼 음식이 대량으로 생산되면서 수입이 적은 사람들도 배고픔을 해결할 수 있게 되었다. 하지만 아무리 좋은 음식을 배부르게 먹어도 해결되지 않는 문제가 있다. 마음의 배고픔이다.

인류가 처음부터 마음의 배고픔을 느낀 것은 아니다. 신을 추구하기를 포기한 후 인류는 가장 중요한 가치를 상실했다. 아담과 하와의 삶에 더 이상 신은 없었다. 그들이 잃어버린 것은 다름 아닌 그들을 창조한 하나님이었다. 하나님이 있던 자리가 텅 비어 버리자 심각한 공허함을 갖게 되었다. 그리고 그 빈자리를 다른 것으로 채워야 하는 끔찍한 저주에 걸렸다. 먹기 위해 동물을 죽여야 하고 죽지 않기 위해 남을 죽여야 했다. 신을 잃고 뼈저리게 그리워했지만 한 번 잘못 선택한 것은 되돌릴 수 없었다.

그들은 신을 잃고 자기만을 위한 인생을 살게 되었고 스스로 자기 존재의 가치를 높일 수 없었다. 무언가 다른 것을 희생시켜야 한다는 것을 깨달았다. 목숨이 끊어지는 죽음보다 끔찍한 것이 영혼의 죽음이다. 그것은 무의미하고 가치 없는 인생이 되어 버린 것 같은 '비(非)존재'의 끔찍함이다. 그 고통이 매일 매순간 마음을 짓눌렀다. 고통을 잊기 위해 육체적 노동이 오히려 도움이 되었다. 신이 "선악을 알게 하는 나무의 실과를 먹으면 정녕 죽으리라"고 한 말이 맞았다. 그들은 신을 잃었다. 참으로 거대한 상실이었다. 그들이 다른 모든 것을 포기하고서라도 반드시 지켜야 했던 신을 스스로 버린 것이다.

신을 상실한 우리에게 최고의 선물은 신이다. 그리고 사랑은 우주에서 가장 높고 귀한 가치다. 신이 곧 사랑이기 때문이다. 하지만 문제가 있다. 우리가 이 최고의 선물을 거부하고 있다는 것이다.

1. 개인적으로 살면서 꼭 갖고 싶거나 반드시 이루고 싶은
   일이 있다면 무엇인가?

2. 우리는 가치 계산을 잘하고 있는가?

3. 진정한 최고의 가치는 무엇인가?

4. 신이 얻기 원하는 것은 무엇인가?

나를 알고 있는 신을
알아가는 일

신은 창조한 인격이지만 인간은 창조된 인격
이다. 창조한 인격과 창조된 인격은 많이 다르
다. 인격이라는 공통점이 있지만 서로 차원이
다른 것이다. 그래서 사랑이 아니면 이 둘은 결
코 연결될 수 없다. 사랑만이 둘을 연결할 수
있다. 이제 인격으로서 신과 인간의 공통점과
차이점이 무엇인지 알아보고 신과 인간을 이
어 주는 끈인 사랑에 대해 더 구체적으로 살펴
보자.

1.
신이 아는
나는 위대하다

불안은 혼란과 거절감의 공포와 동류로 분류되는 두려운 감정의 일종이다. 인간이 갖는 불안은 가진 것을 잃을지 모른다는 두려움에서 출발한다. 인간이 가장 잃고 싶지 않은 것은 존재의 의미이며 가치 있는 존재라는 존재 가치감이다. 배가 고프면 불안해지는 것도 결국 생명을 잃을 수 있다는 공포감이 마음속 깊은 곳에 있기 때문이다. 또한 타인에게 무시당한다고 느끼거나 사회에 소속되고 싶은 욕구가 채워지지 않으면 불안하다.

우리는 육체적이든 정신적이든 자신의 존재를 확인하고 싶어 한다. 즉 살아 있기 때문에 불안도 있는 것이고 생명이 있기 때문에 불안해 한다는 말이다. 따라서 불안하다는 것은 살아 있다는 증거이기도 하다. 단, 너무 큰 불안이 평온함을 삼키는 것이 문제다.

인간이 왜 불안할 수밖에 없는지 살펴보자. 성경에는 "너는 마음을 다하여 여호와를 신뢰하고 네 명철을 의지하지 말라"(잠 3:5)고 분명하게 나온다. 그렇지 않으면 많은 슬픔이 발생하기 때문이다 (시 32:10).

키에르케고르와 같은 실존주의 철학자들은 인간을 신에 견주어 이해했다. 그는 "인간이 육신의 옷을 입고 살다가 때가 되면 이 세상을 떠나는 유한한 존재지만 동시에 신처럼 완전해질 수 있다고 믿는 무한한 존재"라고 주장했다. 또한 독일의 신학자 폴 틸리히는 "인간은 유한하지만 무한한 존재가 되고 싶은 유혹(temptation)을 받는다"고 말했다. 본질적으로 인간은 스스로 우주의 중심이라는 신념을 버리기 어렵다는 말이다. 우리는 유한과 무한 사이에 끼어 있는 존재로, 이 둘 중 하나만 택하고 싶지만 그럴 수 없는 현실 때문에 갈등하며 씨름한다.

유한과 무한 사이에서

인간은 유한과 무한 중 어느 하나도 부정할 수 없다. 머리와 몸이 함께 있어야 생명이 유지되듯이 우리는 유한성이나 무한성 중 어느 하나도 부정할 수 없다. 마치 물이 입까지 차는 수영장에서는 바닥에 발을 딛기도 불편하고 물에 떠서 버티는 것도 힘든 것처럼 그중 하나를 완전히 택하지 못해 매우 불편한 상황인 것이다. 그렇다고 둘 중 하나만 인정하는 것은 피조물 인격의 정체성을 전적으로 부인하는 큰 오류다. 차라리 유한과 무한 사이에서 겪는 불안을 친구 삼아 불안과 더불어 사는 편이 낫다. 유한과 무한의 요소를 모두 이해하고 인정하는 통합적인 이해가 있어야 인간답게 살 수 있는 것이다.

소가 양쪽에 쌓인 짚단 사이에서 어느 쪽 짚을 먹을까 고민하다가 그만 굶어 죽는 경우가 있다고 한다. 인간도 유한성과 무한성 사이에서 딜레마를 느낀다. 피조된 인격으로서 인간은 유한성과 무한성 중 어느 것도 부인할 수 없고 하나만 인정할 수도 없다. 이 땅에 사는 동안 이 양극성 사이에서 어느 것도 버릴 수 없는 상황은 불편하기만 하다. 이 불안은 마치 외줄 타기를 하며 느끼는 긴장감과 같다.

우리는 시공간을 초월하는 신적 능력을 동경한다. 그러나 눈에 보이고 손으로 만질 수 있는 육체를 벗어날 수 없다. 만약 한쪽만 완전히 가지려 하면 오히려 불안의 극치를 경험하게 된다. 이런 고민은 인간이라서 갖는 독특하고 오묘한 것으로, 우리가 살면서 완전한 만족을 느끼지 못하는 근본적 원인이다.

너무나 먹고 싶었던 뷔페 음식도 우리의 위장 크기가 정해져 있기 때문에 생각보다 많이 먹지 못한다. 차려진 음식이 아무리 많아도 내가 먹을 수 있는 양은 1인분이다. 고대 로마 사람들이 음식을 먹다가 배부르면 더 먹으려고 억지로 토하고 또다시 먹기를 시작했다는 이야기를 떠올리면 인간의 욕심은 오래전부터 있었던 것이 확실하다. 인간은 아무리 돈이 많고 사회적 권력이 있어도 여전히 만족하지 못한다. 재산이 많고 좋은 차와 집뿐 아니라 이 세상 모든 것을 가져도 결코 만족하지 못하는 것이다.

우리의 마음은 우주만큼 큰 주머니를 가지고 있기 때문에 몸은 채워도 마음은 채우지 못한다. 그러므로 몸의 욕구를 다 채워도 무한한 크기의 마음 주머니는 우주 전체로도 다 채울 수 없다는 사실을 받아들여야 한다. 피조물로서 이 근본적 불안을 해소하기 위해 재산을 사회에 환원하고 가난과 질병 퇴치를 위해 꾸준히 기부하는 것은 도움이 될 수 있다. 남을 돕는 부자는 자신만을 위해 재산을 축적하는 부자에 비해 불안 문제가 덜할 것이다.

인간의 이 양극성을 종교인과 신앙인의 관점에서 설명해 보자. 종교인은 자신을 궁극적으로 신격화하는 인간이다. 그래서 자기를 제한하는 것을 싫어한다. 소위 말하는 점쟁이나 마술사 같은 신기한 일을 행하는 사람들이 그럴 가능성이 많다. 또 주위 사람들이 주는 제약이 불편하다고 느낀다. 가까운 사람일수록 불편한 제약을 많이 주기 때문에 측근에게 괴팍한 모습을 보이기 쉽다. 종교인은 신이라는 정체성을 유지하고 확인하기 위해 자신이 인간이라는 사실을 은연중에 망각한다. 그렇게 인간 본연의 연약한 정체성을 인정하지 않다 보니 합법적인 돈 거래나 재산 관리를 거부하기 쉽다. 성 윤리를 망각하고 사회가 요구하는 정의를 무시하면서 부도덕과 비윤리적인 것을 따르게 된다. 그래서 거짓말, 속임수, 성적 타락, 돈 문제가 종교인들에게 나타나는 것이다.

반면 신앙인은 신의 완전함과 광대함을 인정하고 그 앞에 피조물의 정체성을 지키려는 사람이다. 자신이 그저 연약한 인간임을 확인하기 위해 신을 섬기는 점이 종교인과 다르다. 신앙인은 인간으로서 정직하게 하나님 앞에 선다. 24시간 365일 매순간 신의 존재를 인식하며 어디서 누구를 만나든지 제한된 인간의 정체성을 유지하고 확인하려 한다. 사람들을 만나며 겪는 불편한 제한을 자신이 피조물에 불과하다는 사실을 확인하는 기회로 선용한다. 그 결과 정중하고 겸손한 태도를 지니게 된다. 신앙인은 윤리와 도덕을 자기 제한의 도구라고 믿는다는 점에서 종교인과 다르다.

겸손한 사람은 주위 사람들, 특히 복종해야 하는 윗사람을 자기 정체성을 정의하는 조건으로 삼는다. '정의'는 영어로 'definition'이다. 이 단어는 큰 종이에 선을 그린 다음 그 선을 따라 오려 낸다는 뜻으로 이해할 수 있다. 그런 의미에서 겸손은 내가 처한 환경의 제한 조건을 찾아 '나'라는 인간의 도화지를 오려 내는 작업이다.

겸손의 가장 기본이 되는 중요한 제한 조건은 하나님이다. 우리가 아무리 무한한 존재라도 하나님에 비하면 유한하다. 동시에 우리는 창조자를 닮은 무한성을 가진 존재다. 작은 개미를 보며 신의 놀라운 창조 솜씨에 감탄하고 자신의 작음과 자신이 개미에 비해 비교적 무한한 존재임을 확인한다.

우리는 매일 하나님을 기준으로 얼마나 작은 존재이며 큰 존재인지를 동시에 확인할 수 있다. 일상에서 밥 먹고 일하고 화장실에 가고 때로는 실수하고 계획대로 되지 않는 것을 경험하면서 우리 자신이 얼마나 작고 유한한 존재인지를 확인한다. 또한 아름다운 산과 바다를 보며 신의 능력을 감탄하는 작은 나와 상상을 초월하는 신의 창조 솜씨를 느끼는 큰 나도 볼 수 있다. 또 내가 맡은 일을 창조적으로 수행해 내는 자신의 모습을 보며 나의 무한성을 확인한다. 노래를 부르고 악기를 연주하거나 그림을 그리고 스포츠를 즐기는 크고 무한한 나를 관찰할 때도 있다. 태어난 아기를 보고 신의 신비와 내 안에 존재하는 생명의 신비를 느끼면서 누군가의 장례를 겪으며 유한한 인간의 처지를 확인하기도 한다. 이 세상에서 우리가 경험하는 모든 일은 우리의 유한과 무한, 두 가지를 모두 확인하는 기회의 장이다.

불안 해소를 위한 노력

피조된 인격체가 무한성과 유한성 사이에서 경험하는 불안은 자칫 잘못하면 내가 비참한 존재로 전락할 것 같다고 느끼는 불안이다. 인류는 비참해지지 않으려고 전쟁을 벌이고 그 전쟁 때문에 더 비참해지기를 반복했다. 참혹한 결과를 예상하지만 전쟁을 그치지 않았다. 철이 없을 때는 돌로 무기를 만들어 공격했고 철을 발견한 후에는 더 멀리 더 많은 사람들과 전쟁을 했다. 인류가 하나의 언어를 사용하고 모두 하나라고 단합했던 고대에는 무기가 신을 향하기도 했다(창 11장). 부단히 다투고 서로 죽이는 일에 천문학적인 돈을 붓고 천재 물리학자들을 동원해 최첨단 무기를 만드는 것은 모두 비참해지지 않으려는 몸부림이다.

호전적인 사람들은 오히려 평화가 불편하다. 시편에도 "내가 화평을 미워하는 자들과 함께 오래 거주하였도다 나는 화평을 원할지라도 내가 말할 때에 그들은 싸우려 하는도다"(시 120:6-7)라고 분명하게 나와 있다. 이 말씀을 통해 이미 오래전부터 평화를 싫어하는 사람들이 있었다는 것을 확인할 수 있다. 이것은 전우주적 신경증이다. 짜증을 내야 속이 편하고 가만히 있으면 불안한 신경증인 것이다. 최근 새로 나타난 문제가 아니다.

심리학은 불안을 신경증(neurosis)으로 분류한다. 현실과 비현실을 잘 구별하지 못하는 정신증(psychosis)과 달리 신경증 환자는 자기 상태를 어느 정도 이해하는 편이다. 불안이나 우울과 같은 신경증을 지닌 사람은 사회생활을 하는 데 비교적 문제가 경미하다. 불안장애를 세부적으로 보면 죽음이나 비존재(nonbeing)에 대한 두려움 때문이라는 것을 알 수 있다. 예를 들어 아이가 엄마와 떨어지는 것은 매우 두려운 일이다. 애착 대상과 분리되는 것을 불안해하는 분리불안장애는 '엄마'라는 안전장치를 상실할지 모른다는 두려움이다.

또한 다른 사람들과 상호작용을 하는 여러 가지 상황을 두려워하는 사회불안장애는 무시와 거절이 주는 비존재에 대한 두려움이다. 갑자기 공포가 엄습하는 공황장애나 미래에 있을지 모르는 다양한 상황을 만성적으로 불안해하는 범불안장애도 죽음에 대한 두려움이 근본 원인이다. 육체나 영혼의 죽음에서 느끼는 끔찍함은 단순히 고통에 대한 두려움이기보다는 더 이상 존재하지 않을 수도 있다는 영원한 사망에 대한 공포다. 게다가 살아 있지만 죽은 것 같은 비존재는 죽음의 끔찍함을 견뎌야 하기에, 사망의 고통을 당하느니 차라리 아무것도 느낄 수 없는 무의 존재가 되기를 바랄 수도 있다.

하지만 몸은 죽어도 영혼은 결코 없어지지 않는 인격체인 우리는 몸보다는 영혼의 안녕을 위해 더 많은 시간과 에너지를 투자해야 한다. 이 땅에 사는 동안 사망의 끔찍함을 영원히 감내할 것이냐, 아니면 반대로 사랑의 기쁨을 영원히 누릴 것이냐 하는 문제인 것이다. 결국 피조물의 불안은 몸이 원하는 기준과 신이 원하는 기준 사이에서 발생하는 것이다.

몸이 살기 위해서는 다른 생명을 소비해야 한다. 엄마의 배 속에 있는 아기는 엄마의 생명을 나누어 자기 것으로 만들면서 자라다가 태어나면 엄마의 젖을 먹고 부모의 수고를 희생 삼아 자란다. 식사는 음식에 들어 있는 에너지를 내 몸으로 가져오는 작업이다. 탄수화물, 지방, 단백질, 섬유질 등의 여러 영양소를 섭취하는 과정을 통해 각각의 음식 재료가 갖고 있는 생명력이 우리 몸에 들어와 힘을 얻는 것이다. 물론 미각으로 맛을 즐기는 것도 음식이 제공하는 생명 전달의 중요한 부분에 속한다.

집도 마찬가지다. 내가 수고하든, 남이 수고하든 그 수고의 결과로 생명을 보호하고 안전하게 쉴 수 있는 집이 만들어진다. 살 집이 있으려면 집을 짓는 건축가의 수고를 소비해야 한다. 신과 달리 우리는 살아 있으려면 에너지를 소비해야 한다. 생명력을 소비하는 우리의 몸은 결국 소비자라고 할 수 있다.

반면 신은 생명을 만들고 유지한다. 우리 몸은 생명을 만들지 않고 다른 생명을 소비하지만 신은 생명을 만들고 공급한다. 그러므로 신의 기준에서 벗어나는 것은 매우 위험한 일이다. 우리 몸이 소비하는 엄청난 자원을 공급받기 위해서는 신의 기준 안에 머물러야 한다. 자칫 신의 기준에서 벗어나 과다 소비를 하거나 자원을 오용하면 그 자원이 오염되고 고갈되는 결과를 초래할 것이다.

그러나 위험하게도 우리는 스스로 기준을 만들어 원하는 대로 살고 싶어 한다. 신의 기준을 오해하고 왜곡하여 스스로 어려움을 만들면서 사는 것이 옳다고 주장한다. 쉬워 보이는 쪽을 택하고 좁은 문보다 넓은 문을 택한다. 나의 기준이 때로는 생명을 죽이고 타인을 괴롭게 하는 기준이라도 상관하지 않는 경우가 많다. 하지만 편리하면 좋고 이익이 되면 그만이고 남보다 앞설 수 있다면 과정은 상관하지 않는 고약한 심술은 불안의 문제를 더 과중시킨다.

불안하기 때문에 무언가를 통제하려 한다. 통제하면 안전할 수 있다고 생각하기 때문이다. 신의 기준이라도 그것을 통제하고 굽게 하는 우를 범한다. 신의 생명의 기준을 신뢰하지 못하고 나만의 불안 퇴치 방법만 고수하려 한다. 우리는 너무 쉽게 신의 기준에서 벗어난다. 이탈리아 피사의 사탑처럼 우리의 기준은 신의 기준으로부터 기울어져 있다.

사과 한 개에 다른 한 개를 더하면 두 개가 되어야 진리다. 이 진리는 간단해 보여도 인간이 이것을 이해하는 데는 태어나 3년 정도가 걸린다. 인간은 새로운 기준을 받아들이는 데 어느 정도 시간이 걸린다. 자신의 기준을 지키고 싶어 하고 다른 기준을 배척하기 때문이다. 내가 원하는 기준을 만들어 마음대로 살고 싶어 하는 것이다. 왜 우리는 그토록 내 기준을 고수하고 싶어 할까? 왜 우리는 왕처럼 스스로 법이 되고 싶어 할까?

경제가 침체되면 수입이 줄고 생활이 힘들어진다. 자녀가 원하는 대학에 입학하지 못하거나 건강이 안 좋아지면 실망한다. 또 기대하던 일이 잘되지 않으면 분노나 불안을 느낀다. 인간이 필연적으로 갖는 우연을 부정할 수 없지만 모든 일이 생각하고 기대하는 대로 결과가 나와 주기를 바라는 마음은 어쩔 수 없다. 그러나 우연성을 부정하는 것은 그릇된 태도다. 인간은 계획하고 그것을 이루기 위해 노력하지만 항상 원하는 결과를 얻을 수는 없다. 사람이 자기 길을 계획하고 실행하려 애쓰지만 그 결과는 신에게 맡겨야 하는 것이다(잠 16:9).

우리에게는 죄성이 있다. 죄성은 신의 기준을 벗어날 수 있는 가능성, 신의 기준에서 벗어나려는 성향이다. 1+1이 2가 아니라고 고집부리는 마음이요, 신처럼 되고 싶어 하는 욕심이다. 피조물이 아니라 창조자가 되고 싶은 열망이며 자기 스스로 필요한 것을 채울 수 있다는 자만이다. 또한 다른 사람이 나의 욕심을 채우기 위해 존재한다고 믿는 이기적인 자기애, 불안을 스스로 해결할 수 있다고 믿고 싶은 오만이다.

죄성을 잘 다루면 불안 대신 마음에 평안(shalom)이 깃든다. 평안은 편안이나 편리와 다르다. 평안은 슬픔이나 괴로움을 당당히 직면하게 한다. 현재 처한 상황을 있는 그대로 볼 수 있는 용기와 그것을 극복할 여지를 준다.

평안이 있다면 소중한 사람을 잃은 큰 슬픔도 견뎌낼 수 있다. 직장인이라면 쏟아지는 업무 때문에 불안할 때 평안이라는 우산을 쓸 수 있다. 기대했던 진급이 무산되어도, 자녀가 원하던 대학에 못 가도 평안할 수 있다. 초보 엄마가 아기를 키우며 가사까지 해야 하는 상황에서도 평안할 수 있다. 주말이나 휴일에 즐길 수 있는 여가 활동이 없어도, 공부하는 수험생이 주변의 소음 때문에 집중을 하지 못해도 평안할 수 있다. 아무도 없는 곳에서 외로움이 몰려와도 고독(solitude)을 즐기며 평안할 수 있다. 수입이 끊겨 먹고살 길이 막막해도, 친구에게 배신을 당해도 평안할 수 있는 것이다.

불안을 인정하는 것

불안을 평안으로 바꾸려면 우리가 얼마나 제한된 존재인지를 알고 그것을 그대로 받아들여야 한다. 유진 피터슨은 "삶의 제한을 존중하고 죽음을 존엄하게 대하는 것은 우리의 삶을 깊이 있게 해준다"라고 말하며 "우리에게는 인간이 아니라 신으로 살고자 하는 경향이 있기에…그런 제한들이 사라지면 스스로 마음껏 왕 행세를 할 수 있으리라 상상한다"[6]라고 지적한다.

사실 우리가 불편해하고 제발 없어졌으면 하는 스트레스 요인들은 우리가 유한한 존재(mortal)라는 사실을 확인하도록 도와준다. 가까운 가족이 나의 삶을 가장 많이 제한한다는 유진 피터슨의 통찰을 주목해 볼 때 자녀, 친구, 직장 동료 등 나의 소중한 사람들과 더불어 사회·경제적 문제는 오히려 유익이 될 수 있다.

우리는 자신의 정체성 뚜껑을 열고 눈도 활짝 열어서 그 안을 들여다보아야 한다. 불편한 일이지만 우리 속에 있는 신을 닮은 위대함과 전혀 신적이지 않은 비참함의 수치, 이 두 가지를 모두 인정해야 한다. 내 슬픔을 몰라 준다고 섭섭해하면서 타인의 슬픔을 공감하지 못하는 우리의 공감 장애를 확인하고 먹이를 찾아 헤매는 하이에나처럼 재미와 즐거움에 중독된 유치함도 인정해야 한다.

사려 깊은 사람이 되려 하지만 순간의 욕구를 채우기 위해 결과를 생각하지 않는 미련함도 경험해야 한다. 꿈이 있다고 하지만 편안한 습관에 붙들려 미래를 위해 해야 할 일을 하지 않는 게으름도 인정해야 한다. 과거의 상처가 덧나지 않을까 노심초사 두려워하며 떨고 있는 내 안의 작은 아이도 볼 수 있어야 한다. 우월감을 느끼기 위해 종교 생활을 하는 편협함도 볼 수 있어야 한다. 도움을 필요로 하는 사람을 나의 존재를 확인하는 재료로 사용하려는 사기꾼 심보도 인정해야 한다. 책임을 회피하려고 은연중에 남의 잘

못으로 돌리는 속임수도 인정해야 한다.

　한편 평안을 경험한 사람은 불안의 원인이 육체의 욕심에서 비롯되었다는 것을 깨닫고 금욕주의나 신비주의로 향하기 쉽다. 육체의 욕심을 버리고 세속을 떠나 신의 존재를 경험하고 신을 받아들이면 평안을 경험할 수 있다. 하지만 이렇게 얻는 평안은 일시적이다. 4세기에 살았던 성 안토니우스와 같은 '사막 교부들'은 이집트 사막에서 하나님과 말하고 하나님 말씀만 먹기 위해 다른 사람과 말하지 않고 음식을 먹지 않는 '거룩한 가난'을 추구했다.

　하지만 흥미롭게도 홀로 욕심 없이 살기로 작정한 그들은 한마음이 되어 수도원을 만들었다. 처음에는 혼자서 충분하다고 생각했지만 함께 먹고 이야기를 나누는 공동체로 변한 것이다. 금욕주의나 신비주의는 인간이 신성에 접근하고 신을 내재화할 수 있도록 돕는다. 하지만 인간이 여전히 비참하고 나약한 존재라는 사실을 망각하게 한다. 우리는 신과 연합할 때 스스로 신이 되거나 신이 될 수 있다는 착각에 빠지기 쉽다. 따라서 우리가 인간으로서 제한적 존재라는 사실을 잊으려고 기도와 찬송을 한다면 그것은 종교 행위에 불과한 것이다.

　마음에 신을 받아들이면 인생의 불안을 벗고 평안의 옷을 입게 된다. 하지만 예배자가 스스로 제한적 존재라는 사실을 망각하는 예배는 진정한 예배가 아니다. 내가 신의 자리에 앉아서 나를 우상으로 섬기는 모순된 종교 행위에 불과하다. 종교 행위의 결과로 잠시 기분은 좋지만 자유를 제한하는 여러 관계나 상황에 처하면 그 현실에 스스로 괴리감을 느끼게 된다.

어떤 이들은 평안을 얻기 위해 무모한 시도를 한다. 술이나 마약으로 문제를 해결하고자 한다. 그것을 통해 기분이 좋아지고 현실의 고통에서 잠시나마 벗어나는 효과를 누린다. 하지만 그것은 평안이 아니다. 진통제처럼 감각을 무디게 하는 일시적인 마취 효과일 뿐이다. 술과 마약의 심각한 문제인 중독성과 내성은 뇌를 착각하게 한다. 세상에서 최고 좋은 것이라고 속이고 심지어 그 외에 모든 것을 버리라는 유혹을 한다. 쾌락의 말초신경을 계속, 더 많이, 더 강하게 자극하는 것이다. 처음에는 평안을 위해 시작한 것이 어느 순간부터 벗어날 수 없는 불안의 늪이 된다. 마음대로 자유로워지려는 자기 우상화가 문제라는 점에서 술과 마약도 일종의 종교 행위라 볼 수 있다. 인간이, 왕이 되고 싶어서 시작한 술과 마약이 결국 인간을 다스리는 신이 되어 버린 것이다.

신이 되고 싶지만 결코 신이 될 수 없고 그렇다고 신처럼 위대하기를 완전히 포기할 수도 없는 곤란한 상황은 좌로나 우로나 치우칠 수 없는 외줄 타기와 같다. 신의 형상을 지닌 우리는 영광스러운 존재임을 부인하면 안 된다. 동시에 신이 되려는 무모한 시도가 결국 인생을 더 비참하게 만든다는 것도 기억해야 한다. 말초신경을 자극하는 쾌락주의를 쫓는 것은 비참한 결과를 낳을 뿐이다.

무한과 유한 사이에서 불안이 아니라 평안을 누리기 위해서는 신과 연합하고 타인과도 사랑으로 연합해야 한다. 불안의 유일한 해결책은 사랑이다. 사랑이 다스리는 자유는 안전하다. 사랑은 자유를 선용하게 하기 때문이다. 자유가 제한될수록 사랑은 소망의 빛을 발휘할 것이다. 그러므로 우리는 신을 사랑하고 이웃을 사랑해야 한다.

— 토론 가이드 ————————————————————

1. 지금까지 살아오면서 불안에서 벗어났던 순간은 언제인가?

2. 인간이 기본적으로 겪는 불안의 실체는 무엇인가?

3. 불안의 원인은 무엇인가?

4. 불안은 어떻게 처리해야 하는가?

2.
가장 위험한 신은
자신이다

인간은 누구나 가치 있는 존재로 살기 원한다. 그래서 자신이 무시당하고 평가 절하되지 않을까 노심초사한다. 언제나 남에게 인정받으며 걱정 없이 평화롭고 안전하게 살 수 있다면 얼마나 좋을까? 생각대로 모든 것이 척척 진행되면 좋겠지만 기대가 큰 만큼 실망도 큰 것이 현실이다.

현실의 한계를 있는 그대로 인정하는 것이 겸손이다. 겸손한 사람이 인내할 수 있고 행복을 누릴 수 있다. 국회의원이었던 사람은 국회의원으로서 누렸던 혜택을 자기 가치의 기준으로 삼지만, 국회의원에서 물러나서 그 기준 이하로 대우받을 경우 평가 절하의 괴로움을 감내해야 한다. 또 지갑에 100만 원을 가지고 다니던 사람이 10만 원밖에 없으면 불안을 느낀다. 하지만 5만 원도 크게 여기던 사람은 지갑에 10만 원이나 있는 것이 행복할 것이다. 자기 존재(being)를 명예나 돈에 연결하는 것은 문제다. 있다가 없으면 다운(down)되고 없다가 생기면 업(up)되는 것은 잘못된 모습이다. 그래서 성경에는 "교만은 패망의 선봉이요 거만한 마음은 넘어짐의 앞잡이니라"(잠 16:18)고 분명하게 나와 있다.

자기중심적 기준

신을 닮은 인간은 누구나 자기중심적이라는 것을 전제한다. 독일 나치를 예로 들어 보자. 나치는 이 세상에 우등 인종과 열등 인종이 있다고 믿고, 우등 인종과 열등 인종이 섞이는 것이 좋지 않다고 생각했다. 그들의 이런 생각은 '우생학'(eugenics)에서 비롯되었다. 19세기에 생겨난 우생학의 뿌리에는 진화론이 있었고 진화론의 적자 생존 이론은 '세계를 통치할 고유 권리'를 주장하는 그들의 사상적 근거가 되었다. 지극히 자기중심적이었던 나치는 그렇게 900만 명 이상을 학살했다.

'내가 너보다 우월한 존재'라는 신념으로 사는 이들이 독일 나치만은 아닐 것이다. 그들처럼 살인을 실행에 옮기지는 않지만 어쩌면 우리도 이 끔찍한 자기중심성의 문제에 노출되어 있을 수 있다. 우리는 자신이 이 세상의 중심이라는 생각을 떨쳐 버리기가 쉽지 않다. 매 순간 마음속으로 '어떻게 하면 내가 중심이 될까?'라고 생각하며 강렬한 욕심을 품고 산다.

인간은 피조된 인격이자 신을 닮은 인격체이다. 우리는 신처럼 숭배받기 원하며 내가 원하는 도덕 기준을 만들어 다른 인간을 다스리고 싶어 한다. 다스림을 당하기보다 다스리는 것을 선호한다. 다스리는 것은 자기가 해야 할 수고(labor)를 다른 사람이 대신하게 만든 것이기 때문이다. 왕들은 다스리기 위해 종교를 이용했다. 종교는 법을 정하고 집행하고 판결하는 세 가지 일을 한 번에 통합할 수 있게 했다. 종교가 왕을 숭배하면 왕은 원하는 대로 무엇이든 할 수 있었다. 왕이 원하는 것이 곧 법이었던 것이다.

이스라엘의 초대 왕 사울도 그랬다. 사울은 다윗을 끝까지 추격해 죽이려 했다. 다윗은 자기를 죽이려는 사울을 피해 도망하던 중 성소에 피신했다. 영문도 모른 채 제사장 아히멜렉은 다윗에게 음식과 칼을 제공했다. 이 광경을 목격한 도엑이 사울 왕에게 밀고했고 사울 왕은 한자리에서 무고한 제사장 85명을 살육하고 심지어 마을의 여자들, 아이들, 가축까지 남기지 않고 죽였다.

이 사건에 대해 유진 피터슨은 "이 시점에 이르러 사울의 신관과 종교관은 완전히 뒤틀리고 완전히 자기중심적인 것이 되어 버렸다"[7]라고 설명한다. 사울 왕은 제사장의 역할이 왕을 비호하고 돕는 것이지 도망자를 돕는 것이 아니라고 잘못 생각했다. 누구나 자기중심성을 지키고 싶어 하지만 특별히 사회 권력을 가진 인간은 타인을 다스리는 강력한 수단으로 자신을 신격화하려는 유혹에 쉽게 빠진다. 이 방법은 지금도 빈번하게 이용되고 있다.

일단 자기 신격화가 가능하면 그것을 유지하기 위해 '위협'이라는 방법을 사용한다. 우리의 체질이 그렇다. 사회적 신분과 상관없이 우리는 모두 세상의 중심이라고 생각하기 때문에 섬김을 받지 못하고 섬기기만 하면 지친다. 타인이 세상의 중심에 있으면 불편하고 그로 인해 지쳐 간다. 정치적으로 이런 문제가 장기화되면 결국 군중이 권력과 강하게 부딪힌다. 권력자는 자신을 숭배하는 그와 같은 '종교'를 유지하려고 애쓴다. 양심의 가책을 느낄 때도 있지만 무시하는 경우가 더 많다.

영화 〈악마는 프라다를 입는다〉(The Devil wears Prada)에 나오는 편집장 프리슬리는 부하 직원들에게 '바보', '멍청이'라는 말을 서슴지 않는다. 사람의 위아래를 훑어보며 그들을 깔본다. 그 눈빛은 누가 봐도 '형편없어!'를 의미한다. 비서는 폭풍우 때문에 비행기가 뜨지 못하는 상황에서도 보스의 교통편을 찾아내야 한다. 이는 자기애성 성격장애의 대표적 사례다. 자기애성 성격장애를 가진 나르시시스트는 세상에서 자신이 가장 탁월하다고 믿는 사람이다. 자신의 거대한 자존감을 지키기 위해 주위 사람들을 통제한다. 특별한 대우를 받기 원하고 무대 중심에서 조명을 받으며 찬사받는 것을 당연하다고 생각한다. 자신의 완벽함에 방해가 된다고 여기면 누구든지 적으로 삼는다. 나르시시스트가 타인의 감정이나 욕구를 공감하는 것은 어려운 일이다.

자기애성 성격장애는 말 그대로 장애다. 주위 사람들을 끔찍하게 괴롭히는 괴물이다. 이런 비정상적인 성격 장애인으로 불리고 싶은 사람이 어디 있겠는가? 흥미롭게도 우리는 모두 나르시시즘이 있다. 신처럼 다스리고 싶어 한다. 섬김받는 것을 섬기는 것보다 선호하며 꼬리보다는 머리가 되기를 원하고 주변인보다는 중심인

물이 되기를 원한다. 조연보다는 주연을 원하고 2위보다는 1위를 원한다. 월드컵 결승전에서 패한 메시의 표정은 시상식 내내 어두웠다. 월드컵 대회에서 2위도 1위 못지않게 대단히 훌륭하지만, 챔피언이 되지 못한 그에게 2위도 훌륭하다는 말은 별로 의미가 없었던 것이다.

제임스 헨더슨은 "대상관계 이론이 말하는 유아들의 자아중심성이 기독교에서 말하는 원죄 즉 자기중심적 전능감과 유사하다"고 지적했다.[8] '원죄'란 인간이 최초로 하나님을 하나님으로 인정하지 않고 자신을 하나님으로 생각하여 그것을 실천에 옮긴 인류 최초의 죄다. 죄의 본질은 자기애와 자기중심성이다. 자기가 전능할 수 있다는 착각이다. 전능의 기준을 자신에게 두고 신의 기준을 폐기하는 것이다.

신과의 대립

신의 기준을 거부할 것인지, 인정할 것인지의 선택권을 가진 인간은 피조물이면서도 신의 형상을 닮은 인격체다. 이것이 죄성이다. 인격적 존재가 아니면 자기애와 자기중심성이 없고 죄성도 물론 없다. 나무는 자발성이나 자유의지가 없고 죄도 지을 수 없다. 그러나 인간은 완전히 다르다.

존 스토트는 죄성을 "죄의 사악한 자기중심성"[9]이라고 정의했다. 그는 "우리의 피조성 속에 필연적으로 들어 있는 의존적 위치를 거절하고 도리어 독립을 얻고자 노력했다"라고 지적하며 "더욱 악한 것은 우리가 감히 우리의 자존(self-dependence), 우리의 자율성을 선언했다는 사실"이라고 말한다. 즉 신으로부터의 독립을 주장하는 것이 문제라는 말이다. 이는 신에 대한 적대감이다. 인간이 스스로 세상의 중심이 되기 위해 이미 실재하는 신을 없는 것처럼 여기는 사악한 속임수를 부리고 있다는 말이다. 인간의 자기중심성은 신의 자존과 전능을 인간의 것으로 착각하게 하고 스스로 신이 되려는 잘못된 욕망을 끊임없이 불러일으킨다.

자기중심성과 죄성은 신을 거부할 수 있는 가능성이며 이 마음의 동기에서 나온 모든 것은 죄다. 최초 인류인 아담이 신을 거부한 후 인류는 줄곧 신을 거부하는 쪽을 선택해 왔다. 아담과 하와부터 내재되었던 죄성은 신을 거부할 수 있는 자발적 선택권을 이용하게 했다. 그들의 죄성은 결국 죄를 발생시켰고 결과는 비극이었다. 신은 왜 이런 골칫덩어리인 인간을 창조했을까? 하나님의 전능함을 부정할 수 있는 반역자를 왜 만들었을까? 신이 이런 결과를 미리 알지 못해서 실수한 것일까?

남들보다 더 벌고, 더 높은 명예를 얻고, 더 많은 권리를 행사하고자 하는 마음은 타고난 비교 의식에서 출발한다. 비교 의식이라는 판도라 상자 안에는 우리의 비밀스러운 욕심이 숨겨져 있다. 뚜껑을 열면 거울이 있는데, 그것은 탐욕과 방탕으로 일그러진 수치스러운 우리의 모습을 비추는 거울이다. 그 거울은 왕관을 쓴 나를 보여 줄 때도 있지만 초라한 거지꼴로 비참하게 서 있는 나를 보여 줄 때도 있다. 왕관을 쓴 모습을 보면 '그럼 그렇지!'라고 생각하며 자신에 대해 만족하고 행복해한다.

하지만 거울에 비친 거지의 모습을 볼 때는 열등감이 마음을 짓누른다. 이렇게 우리 각 사람 마음의 집에는 '우주의 중심'이라는 문패가 걸려 있는 어둡고 곰팡이 냄새가 나는 다락방이 있으며 그곳에는 여러 가지 이름의 판도라 상자가 뚜껑이 열리기를 기다리고 있다.

갓난아기는 배가 고프면 운다. 기저귀를 갈아 달라고 울고 졸리다고 운다. 세상에 자기밖에 없다고 생각하는 것이다. 태어나서 처음 몇 달 동안 그렇게 믿는다. 자기가 곧 이 세상이고 이 세상이 곧 자기라고 생각한다. 젖을 주는 엄마는 배고픔을 해결해 주는 자기의 한 부분이라고 생각할 뿐 또 다른 존재라고 인식하지 않는다. 갓난아기에게 어머니는 자기의 분신이다. 시간이 흐르면서 서서히 엄마라는 존재를 인식하고 자기와 다른 존재를 보기 시작한다. 자기와 분리된 타인을 인식하기 전까지 엄마를 그저 자신의 필요를 채워 주는 자기의 한 부분 정도로 이해하는 것이다.

신기하게도 엄마는 그렇게 극도로 이기적이고 작고 무기력하기 짝이 없는 작은 존재를 자신의 분신으로 느낀다. 자기 몸으로 낳은 새로운 생명을 경이롭게 느끼고 자기 몸에서 나온 또 다른 존재를 품에 안을 때마다 행복해한다. 아기가 어머니의 젖을 물면, 그 순간 둘은 서로 자기가 세상의 중심이라고 생각하면서 동시에 하나라고 생각한다. 그들은 자기를 세상의 중심이기 때문에 상대를 자기의 분신으로 보고 동시에 자신도 상대의 분신이 될 수 있다고 믿는다. 세상의 중심이지만 동시에 세상의 중심이 아닐 수 있는 신비한 존재가 바로 인간인 것이다.

창조한 인격과 창조된 인격은 서로 공통점과 다른 점이 있다. 창조한 인격과 창조된 인격은 모두 동일하게 자기중심적이다. 창조한 인격이든, 창조된 인격이든 인격은 자기중심성을 포함한다. 인격은 이기적이어서 우주의 중심이 자신이라는 우주관을 벗어나기가 어렵다. 인격은 세상이 자신을 위해 존재하고 원하는 것을 얻기 위해 주위의 환경을 이용하는 자기중심적 습성을 갖는다. 그래서 당연히 이 세상이 자신을 위해 만들어졌다고 믿는다.

자기중심성의 대표적 현상이 질투다. 인격은 질투를 한다. 사랑하는 대상이 자기 외에 다른 대상을 좋아하면 질투를 한다. 신도, 인간도 질투한다. 인간이 신을 사랑하지 않으면 신은 질투하는 것이다.

"네 하나님 여호와는 소멸하는 불이시요 질투하시는 하나님이시니라"(신 4:24).

"너희 중에 계신 너희의 하나님 여호와는 질투하시는 하나님이신즉 너희의 하나님 여호와께서 네게 진노하사 너를 지면에서 멸절시키실까 두려워하노라"(신 6:15).

"여호수아가 백성에게 이르되 너희가 여호와를 능히 섬기지 못할 것은 그는 거룩하신 하나님이시요 질투하시는 하나님이시니 너희의 잘못과 죄들을 사하지 아니하실 것임이라"(수 24:19).

"여호와여 어느 때까지니이까 영원히 노하시리이까 주의 질투가 불붙듯 하시리이까"(시 79:5).

"여호와는 질투하시며 보복하시는 하나님이시니라 여호와는 보복하시며 진노하시되 자기를 거스르는 자에게 여호와는 보복하시며 자기를 대적하는 자에게 진노를 품으시며"(나 1:2).

가치 중립적 이기심

인격의 자기중심성은 그 자체로는 악하지 않다. 가치 중립적이다. 자기중심성을 선하게 사용하면 좋은 것이 되지만 악하게 사용하면 악한 도구가 된다. 마치 일류 요리사의 손에 있는 칼은 맛있는 음식을 준비하는 도구지만, 강도의 손에 있는 칼은 살인 무기인 것과 같다. 목적에 따라 자기중심성은 선의 도구가 되기도 하고 악의 도구가 되기도 한다. 자기중심성 자체를 좋거나 나쁘다고 평가하기보다는 자기중심성을 무엇을 위해 사용했는지 평가하는 것이 타당하다.

신이 가장 자기중심적이다. 신은 완벽의 기준이기 때문에 자기중심적인 것이 당연하다. 신은 옳음의 기준이고 누구보다 자기중심적이어야 한다. 신이 자기중심적이지 않으면 오히려 그것이 문제다. 신이 자기중심적이지 않으면 신이 아니며 의로운 존재도 아니기 때문이다. 하얀색은 결코 검은색이 아니고 검은색은 결코 하얀색이 아닌 것처럼 신은 신의 기준을 스스로 탈선할 수 없다. 신은 우주에서 가장 이기적이어야 하며 가장 많이 질투해야 마땅하다. 바로 신이기 때문이다.

인간의 인격은 신을 닮았지만 신과 같이 선의 기준은 될 수 없다. 그래서 인간의 자기중심성은 악한 도구가 되기 쉽다. 인간의 자기중심성을 '악한 도구'가 아니라 아예 '악한 것'이라고 말하는 것이 나을 정도다.

앞서 말한 대로 인간은 피조된 존재이면서 동시에 인격체다. 피조물 중에 자기중심적인 인격체는 인간밖에 없다. 따라서 인간은 신의 자기중심성을 매우 불편하게 느낀다. 그런 점에서 인간이 자기중심적 신을 인정하는 데 큰 어려움을 느끼는 것은 자연스러운 현상이다. 인간은 신을 닮아 자기중심적이지만 동시에 우주의 중심이 될 수 없다는 사실을 불편해한다. 그런 의미에서 인간은 신이 아니면서 신을 닮았고 짐승이 아니면서도 짐승을 닮은 존재라고 말할 수 있다.

"하나님이 자기 형상 곧 하나님의 형상대로 사람을 창조하시되 남자와 여자를 창조하시고"(창 1:27).

신의 자기중심성을 가진 인간은 위험한 존재다. 마치 어린아이에게 자동차 운전을 맡기는 셈이다. 인간은 자기중심성을 스스로 다룰 수 없다. 살아가면서 사고도 많고 고통의 문제도 겪고 살 수밖에 없는 것이다. 창조한 인격인 신은 자기중심성을 가져야 안전하지만 인간은 자기중심성을 갖고 있어서 위험하다. 신은 선의 기준이지만 인간은 아니다. 따라서 자기중심성의 결과도 다를 수밖에 없다.

자기중심성은 자기 존재를 이 세상 최고의 가치로 두고 싶은 강렬한 열정이다. 자기가 최고라는 말이 과연 맞을까? 나도 최고고 너도 최고면 도대체 누가 최고일까? 이 질문의 답은 우리가 자신의 가치의 근거를 어디에 두는지에 달려 있다. 만약 돈이 많은 것이 존재의 가치를 결정한다면 부자는 가치가 있지만 가난한 사람은 가치가 없다는 결론에 이르게 된다. 명예를 얻은 사람이 가치를 결정한다면 가장 큰 명예를 누리는 대통령이 가장 가치 있는 사람이 된다. 또 공부를 잘하는 사람이 가치 있는 사람이라고 여기는 경우도 있다.

존재의 절대 가치는 사회 기능적 가치와 구별된다. 학교에서 배움을 위해 공부를 가르치는 선생님이 중요하고, 교회에서는 성경을 가르치는 목사님이 중요하고, 법정에서는 법을 정확히 판단해야 하는 법관이 중요하고, 축구장에서는 팀의 승리를 위해 좋은 경기력을 갖춘 선수가 MVP이다. 그들은 모두 사회 기능적으로 많은 사람들에게 유익을 주기에 중요한 존재다. 사회 기능적 가치는 사람됨(being)의 가치와 다르다. 사람됨의 가치는 하나님의 형상을 닮았기 때문에 발생하는 가치로, 이 세상 누구에게나 적용되는 보편적 가치인 것이다.

자기 존재가 가치 있다고 느끼는 감정을 '자기 가치감'(self-worth)이라고 부른다. 자기 가치감은 스스로 귀중한 존재라고 느끼는 감정이다. 인격체로서 인간은 누구나 높은 자기 가치감을 갖기를 원한다. 그래서 자기 존재의 가치를 만들며 또 그것을 자주 확인하고 싶어 한다. 자기 가치감은 주위 사람들에게 칭찬을 받거나 인정을 받을 때 확인할 수 있다. 문제는 주위 사람들이 항상 칭찬하거나 인정해 주지 않는다는 점이다. 왜냐하면 너도 나도 모두 칭찬과 인정받기를 원하기 때문이다.

로버트 맥기는 그의 책《내 안의 위대한 나》(두란노, 2005)에서 자기 가치감을 두 가지로 분류했다. 하나는 자기 행위에 대한 타인의 평가로 오르락내리락하는 자기 가치감과 다른 하나는 행위와 상관없이 하나님이 사랑하신다는 사실을 믿음으로써 일정하게 유지되는 자기 가치감이다. 두 가지를 정리하면 다음과 같다.

자기 가치감 = 자기 행위 + 타인의 평가

자기 가치감 = 나를 향한 하나님 사랑에 대한 신뢰[10]

자기에 대한 타인의 평가에 달려 있는 자기 가치감은 매순간 오르락내리락하는 주식 시세와 같이 안정적일 수 없다. 자기 인생의 시세가 매 순간 상승과 하락을 거듭하는 것을 편하게 여길 인간은 없는 것이다. 누구나 가치 있는 인생이기를 바라기 때문에 상승은 원하지만 하락은 혐오한다.

신의 사랑을 신뢰하지 못하는 인간은 이런 혐오스러운 자기 하락을 매 순간 경험해야 한다. 실패를 두려워하고 타인에게 인정을 받아야 마음이 편하다. 부모의 깊은 사랑을 경험한 이들은 그렇지 않은 경우에 비해 자기를 향한 다른 사람들의 평가 절하를 비교적 쉽게 극복한다. 그러나 부모의 사랑을 신뢰해도 하나님의 사랑을 제대로 경험하지 못하면 여전히 타인의 평가에 민감하게 신경 쓰게 된다. 잠언에 "사람을 두려워하면 올무에 걸리게 되거니와 여호와를 의지하는 자는 안전하리라"(잠 29:25)는 말이 있다. 사람을 두려워하면 그 두려워하는 대상의 노예가 되는 것이다.

인류의 역사에서 권력자들은 사람들을 통제하기 위해 두려움을 악용했다. 왕들은 자기 왕좌를 빼앗길지도 모른다는 두려움에서 벗어나기 위해 백성이 왕을 두려워하게 애썼다. 왕을 신격화하고 신하들은 신격화된 왕 옆에서 많은 특권을 누릴 수 있었다. 비정상적인 상생이었지만 왕의 권력이 커질수록 신하들의 권력도 커졌다. 두려움은 우매한 노예를 만드는 악한 도구로 사용될 수 있다. 그리고 그것은 자기 가치감을 타인이 통제하도록 방치하기 때문에 가능한 것이다.

자기 존재의 가치를 느끼며 사는 것은 나쁜 일이 아니다. 자기 가치감 또는 자존감을 느끼고 싶어 하는 마음은 당연히 존중되어야 한다. 자존감을 지키기 위해 일을 하는 것은 꽤 건전한 방법이다. 어떤 사람은 자동차를 멋있게 디자인하는 산업디자인 전문가로 자존감을 느끼고, 어떤 사람은 요리하는 셰프로 자존감을 느낀다. 또 다른 사람은 사업가로 돈을 벌면서 자존감을 느낀다. 자존감은 수고의 대가로 주어지는 것으로 돈보다 훨씬 더 중요하다.

직업을 단순히 돈 버는 목적으로만 여길 때 자존감에 문제가 생긴다. 직업으로만 자존감을 유지하고 고취시키는 것에는 한계가 있다. 왜냐하면 일의 결과는 항상 좋은 것이 아니고 인간이 언제나 자신의 특기를 살려 행복하게 일하기도 어렵기 때문이다. 세계 실업률 상승 속도가 현대에 들어와 더 빨라졌고 일을 하고 싶어도 일자리가 없는 경우가 많다. 그래서 자존감을 위해 일하는 것을 사치로 여긴다. 대신 결혼해서 아이 낳고 노후를 보장받기 위해 돈을 벌 수 있다면 무슨 일이든 싫어도 해야 하는 상황이다.

존재의 의미, 즉 사는 이유를 찾지 못하면 불행하고 비참하다. 삶의 건전한 이유를 찾지 못하면 그 끝은 파멸이다. 고등학생이 성적을 비관하여 자살하는 것은 그 학생이 자기 존재의 의미를 학교 성적에 두었기 때문이다. 자기 존재 의미를 학교 성적에 두는 것은 자기 존재에 대한 평가 절하다. 고가의 상품을 싸구려 떨이로 팔아 치우는 것과 같다. 우리 각 사람의 존재는 그 자체로 존엄하다. 단순히 기능적으로 자기가 원하는 일을 생산성 있게 수행한다고 해서 자존감이 높아지는 것은 아니다. 무엇을 위한 소모품이 될 것인가? 기계 부품처럼 쓰다 버려질 저렴한 존재가 될 것인지, 아닌지의 여부는 우리 스스로 결정해야 한다.

자존감을 지키기 어려운 근본적 원인은 신과의 대립이다. 인간의 자존감은 본래 신의 형상을 닮은 것이기 때문이다. 자존감은 회복해야 하는 문제이며 신과 대립하는 상황에서는 자존감의 회복이 불가능하다. 직업이나 명예나 돈을 재료로 삼아 갖는 자존감은 일시적인 진통제에 불과하다. 원래 지닌 자기 가치감을 회복하는 유일한 방법은 신과의 대립에서 벗어나는 것이다.

신과의 대립 상태는 앞서 말했던 죄성이다. 인간은 신을 닮은 불완전한 인격체이기 때문에 신과의 관계에서 일어나는 대립 상황이 죄인 것이다. 죄의 본질은 '비정상', 신의 기준에서 이탈한 상태다. 인간이 보기에 정상처럼 보여도 신의 기준에서 비정상이면 모두 죄다. 신체에 장애가 있다고 그 사람을 죄인이라고는 하지 않는다. 대신 아버지가 아버지답지 않고 어머니가 어머니답지 않으면 죄다. 남자가 남자답지 않고 여자가 여자답지 않아도 죄다. '답다'는 것이 기준이고 그 기준은 신이다.

자연은 아름답다. 누군가 "자연이 아름답지 않다"라고 말하는 것은 자유다. 그 자유를 규제하고 처벌할 기준은 없다. 다만 신의 기준으로는 그것이 비정상이다. 절대 기준에서 어긋난 것이다. 절대 기준은 그 기준에서 벗어나고 싶은 이에게 불편을 줄 수 있지만 인간은 신의 피조물로 신의 기준에서 벗어나 살 수 없다. 이 세상 그 누구도 신의 기준과 상관없이 살 수 없다. 신의 기준을 무시하고 사는 것은 개인의 자유지만 결과에는 책임을 져야 한다. 높은 데서 뛰어내리는 것은 개인의 자유지만 그 결과 나타난 죽음은 자신의 책임인 것이다.

신은 생명을 만들었고, 신의 기준은 생명을 만드는 기준이다. 따라서 신의 절대 기준을 벗어나는 것은 생명으로부터 벗어나는 것이다. 결국 신이 아닌 인간의 속성은 인간이 절대 기준이 아니라는 것을 말해 주는 증거 중 하나다. 인간은 신이 아닌 동시에 신을 닮은 인격체라서 다른 피조물과 달리 죄성을 가진다. 그것은 신이 아니면서 신과 같은 매우 독특한 속성이다.

1. 지금까지 살면서 이기적이지 않고 가장 이타적이었을
   때는 언제인가?

2. 인간의 자기중심적 성향은 어디서 온 것인가?

3. 이기심은 과연 악한 것인가?

4. 인간의 이기심은 신과의 대립에 어떤 요인으로 작용하
   는가?

3.
그래서 난
사랑할 수 있다

건강하다는 것은 육체적 건강뿐 아니라 영혼의 건강
도 포함한다. 성숙은 육체의 나이뿐 아니라 정신적 성장도 포함한
다. 그리고 영, 혼, 육이 모두 함께 성장하는 것을 전인격적 성숙이
라고 말한다. 성경은 전인격적 성숙에 대해 이렇게 말한다.

"평강의 하나님이 친히 너희를 온전히 거룩하게 하시고 또 너희의 온
영과 혼과 몸이 우리 주 예수 그리스도께서 강림하실 때에 흠 없게 보
전되기를 원하노라"(살전 5:23).

지금은 국회의원들이 법을 정하지만 예전에는 왕이 나라의 법을
정했다. 왕은 법을 만들고 집행하고 판결하는 세 가지 권한을 모두
가지고 있었다. 대단한 권력이었다. 한국이나 미국처럼 대통령 제
도가 있는 나라는 이 세 가지 권한을 각각 나눈다. 법을 만드는 국
회의원, 판결하는 판사, 법을 집행하는 경찰이 독립적으로 있어 서
로 적당히 견제하게 되어 있는 것이다. 이 세 가지 권한을 모두 한

사람에게 맡기면 누구도 막을 수 없는 독재자가 되기 때문이다. 법을 정하고 집행하고 판단하는 일을 하는 사람들이 서로 견제하지 않으면 결국 누군가 포악한 군주가 된다.

아이들도 똑같이 권력을 좋아한다. 아이들이 하는 게임 중에 '묵찌빠'라는 게임이 있다. 가위바위보로 왕부터 거지까지 각자 신분을 정한다. 왕부터 신분에 따라 차례대로 나란히 앉아 거지부터 상위 신분의 아이에게 묵찌빠 공격을 한다. 묵찌빠로 이기면 상위 신분으로 올라가고 진 아이는 그 자리에 앉는다. 마침내 왕이 되어 묵찌빠를 세 차례 이기면 왕은 거지에게 무슨 심부름이든 시킬 수 있는 권한이 생긴다. 아이들은 왕이 되어 원하는 대로 심부름을 시키기 위해 필사적으로 이기려 한다. 이렇게 신을 닮은 우리는 남녀노소 왕이 되기를 원하는 것이다. 그것은 바로 마음대로 선택하고 가질 수 있는 권한이다.

선택 오류의 가능성

무엇을 선택하느냐는 각자의 자유다. 하지만 우리 앞에 놓인 선택 사항을 자세히 들여다보면 선한 것과 악한 것이 포함되어 있다. 즉 우리에게 주어진 선택의 자유는 선의 기준에서 벗어날 가능성이 있다는 것이다. 요한 웨슬리는 "인류가 타락하기 전에 이미 인간이 악을 선택할 수 있는 가능성을 가지고 있었다"고 말한다. 신은 인간이 아니고 인간은 신이 아니다. 그래서 인간이 항상 신과 같은 생각을 하고 같은 감정을 느낄 수는 없다. 신의 생각 그대로 생각하는 것이 기준을 따르는 것이지만 인간은 이 기준에서 벗어날 가능성을 태생적으로 갖고 있기 때문이다. 인간은 신이 아닌 독립적 개체라서 인간에게 죄성은 필연적이다.

그런데 신이 신의 뜻을 거스를 인간을 만들었다는 것이 의아하다. 신이 그것을 모르고 인간을 만들었을 리가 없다. 신의 기준을 범할 수 있는 죄성이 있는 줄 모르고 창조하지는 않았을 것이다. 신은 그분의 기준에서 벗어날 것을 알면서도 인간이라는 인격체를 만들었다. 신의 뜻을 거스를 것이 분명하지만 그것을 감수한 것이다. 불순종을 알면서도 인간을 만든 데는 분명한 이유가 있다.

영, 혼, 육의 세 가지 요소는 균형을 이루어야 한다. 어느 것 하나를 간과하거나 하나만 강조하면 건전한 생활을 영위하기 어렵다. 전 인격을 보지 않을 때 발생하는 문제는 이미 수세기 전부터 나타났다. 괴상한 행동을 하는 원인을 귀신의 문제로만 보거나 발달이 덜 된 짐승의 수준으로 생각한 적이 있었다. 중세 시대의 '마녀 사냥'이 그랬다. 이상한 행동을 하는 여자를 '마녀'라고 하여 대중 앞에서 처형했다. 정신 이상 증세를 보이는 사람을 짐승처럼 죽을 때까지 가두어 놓고 동물원처럼 입장료를 받고 보여 주었다.

지금은 의학이 발달하면서 우리의 뇌가 복잡한 전기 작용과 화학 작용을 일으키면서 생각과 감정과 의지의 기능을 한다는 것을 알게 되었다. 물리적 또는 정신적 충격이 뇌의 한 부분을 손상시키면 뇌가 정상적으로 기능을 할 수 없게 되어 이상 행동을 보인다. 그 결과 타인을 배려하거나 자신의 생각을 적절히 소통할 수 있는 기능이 저하되거나 상실되는 것이다. 자기 생각과 타인의 생각을 구별하지 못하거나(의존성 성격장애) 현실과 상상의 세계를 구별하지 못하면(정신분열증) 정상적인 사회생활이 어려워진다.

영적인 문제도 빼놓을 수 없는 인간의 구성 요소다. 영이 없다면 물질도 없다. 영은 뿌리다. 뿌리 없는 나무는 있을 수 없고 영이 없는 사람도 있을 수 없다. 육체를 통제하는 것보다 정신을 통제하는 것이 더 어렵고 영을 스스로 통제하는 것은 더더욱 어렵다. 통제가 어렵다는 것은 그만큼 무방비 상태라는 말이다. 우리는 본능적으로 자신을 방어하려 하지만 영적인 안전함은 원하는 대로 지킬 수 없다. 자신을 안전하게 지키려면 누군가의 도움이 필요하다. 우리는 어느 순간 스스로 완전히 독립할 수 없는 존재라는 것을 자각하고 그 무언가에 의존한다. 어디든지 소속되어 있을 때 안정감을 느끼는 것은 바로 이 이유 때문이다.

어떤 이들은 위기감을 느낄 때 지푸라기라도 잡고 싶은 심정으로 미신을 따르기도 한다. 이스라엘의 초대 왕 사울도 점쟁이를 찾은 적이 있다. 그는 얼마 후에 벌어질 전쟁이 그의 마지막이 될지도 모른다는 불안에 휩싸였다. 선지자 사무엘이 세상을 떠나고 난 후 그의 불안은 더해졌다. 그래서 전쟁에서의 승리를 확신하고 싶어서 죽은 사무엘 선지자의 혼령이라도 보기 위해 점쟁이를 찾았다.

가인도 실수를 범했다. 어느 날 가인이 신께 제사를 드렸다. 그러나 그의 제사는 마음에 없는 시늉에 불과했다. 그의 마음은 좀처럼 신을 향할 수가 없었다. 이미 마음 깊은 곳에서 신 대신 자신을 택하고 있었다. 신은 가인의 제사를 받지 않았다. 동생 아벨의 제단에만 신의 불길이 치솟은 것을 보며 가인은 강한 시기심과 분노를 느꼈고 결국 동생 아벨을 돌로 쳐서 죽였다. 그는 그때 이 세상 누구도 믿고 의지할 수 없는 외로운 존재가 되었다. 그의 절대적 외로움은 죄책감이 주는 비현실적 공포였다(창 4:14-15). 그는 이 땅에 살아 있는 동안 '동생을 죽인 자, 그러나 신이 용서한 자!'라는 증표를 가지고 다녀야 했다. 만나는 모든 사람에게 그 증표를 보여 주어야만 죽임을 면할 수 있었다. '동생을 죽인 자'라는 꼬리표는 가인의 비극적 정체성을 죽을 때까지 기억나게 했고, '그러나 신이 용서한 자'라는 꼬리표는 신만 그의 생명을 구원할 수 있는 존재임을 되새기게 했다.

고대 이스라엘의 왕이었던 아합은 왕비 이세벨의 계략으로 자신이 갖고 싶었던 나봇의 포도원을 빼앗았다. 이세벨은 몇몇 사람을 시켜 나봇이 악하다고 거짓 증언을 하게 만들어 결국 그를 돌에 맞아 죽게 했다. 그리고 아합 왕에게 그 임자 없는 땅을 차지하게 했다. 지금으로 치면 대통령이 권력을 남용하여 무고한 시민을 죽게 한 후 그의 사적 재산을 갈취한 권력 스캔들이다. 원흉은 왕비 이세벨이었다. 그 여인의 눈에 이 세상은 원하면 무엇이든 가질 수 있는 곳으로 보였다. 원하는 것을 무엇이든 선택하고 결과도 원하는 대로 만들어 갈 수 있다고 생각한 것이다. 그러나 현실은 그렇지 않았다. 이세벨은 들개들의 먹이가 되는 비참한 대가를 치러야 했다(왕하 9장).

영, 혼, 육으로 구성된 독립적 개체로서 인간은 영적으로 죄책감을 느끼고 정신적으로 불안해하며 육체적으로는 겁쟁이처럼 산다. 전 인격체로서 독립적으로 판단하고 행동하고 그 결과를 책임져야 하는 우리는 매우 독특한 존재다. 그러나 우리는 판단의 오류를 범할 가능성이 많다.

어느 과학자가 벼룩의 청각을 실험했다. 벼룩 한 마리를 실험대에 놓고 "뛰어!"라고 소리쳤다. 벼룩은 펄쩍펄쩍 뛰었다. 이번에는 벼룩의 다리 하나를 떼어 낸 다음 다시 명령했다. "뛰어!" 벼룩은 열심히 점프했다. 과학자는 또다시 벼룩의 다리 하나를 떼어 낸 다음, "뛰어!"라고 소리쳤다. 벼룩은 여전히 점프했다. 과학자는 그렇게 계속 실험을 이어갔고 벼룩의 마지막 남은 다리를 떼어 낸 다음, 소리쳤다. "뛰어!" 이번에는 벼룩이 꼼짝도 하지 않았다. 다시 "뛰어! 뛰어! 뛰라고!" 소리쳤지만 벼룩은 움직이지 않았다. 과학자는 새로운 사실을 발견한 듯 실험일지에 이렇게 적었다. "실험 결과: 벼룩은 다리가 떨어지면 청각도 잃는다." 벼룩이 마지막에 점프하지 못한 이유는 다리가 없었기 때문이지만 과학자는 청각을 잃어서 움직이지 못한다고 판단한 것이다. 인간의 이성은 쓸 만하지만 완벽하지는 않다.

　정신 건강에 대한 합리적 연구가 진행된 것은 그리 오래된 일이 아니다. 지금은 정신병 환자가 비교적 적절한 치료를 받을 수 있지만 19세기 이전에는 정신병의 원인을 머리 속에 들어 있는 귀신이라 생각하여 환자의 두개골에 구멍을 뚫기도 했다. 몸에 전기 충격을 주거나 동물원의 동물처럼 가두어 놓고 일반인에게 돈을 받고 입장시켜 보여 주던 시절도 있었다. 그때는 그것을 옳다고 여겼을 것이다. 그렇게 보면 지금 우리가 매우 훌륭하다고 생각하는 발명품들도 시간이 지나면 분명히 별것 아닌 것이 되어 버릴 것이다. 과학은 끊임없이 발전하지만 항상 오류를 전제한다.

이성의 활용

　우리는 이성을 최대한 활용해야 한다. 모든 인간이 평등하게 타고난다는 이성은 세상을 지배할 힘을 갖는다. 인간은 다른 동물에 비해 달리는 속도가 느린 편이다. 짐승들에 비해 근육의 힘도 약하다. 그런데 도구들을 사용하여 다른 동물이 하지 못하는 일을 할 수 있는 이성적 능력이 있다.

　달리기가 느리지만 자동차를 타면 치타보다 빨리 갈 수 있다. 근력이 약하지만 기중기를 이용하여 무거운 물건을 꽤 높은 곳까지 올릴 수 있다. 이성적 능력을 갖춘 인간의 육체는 더위와 추위에 약하지만 에어컨과 히터를 이용하여 더위와 추위를 견딘다. 다른 동물은 네 발로 다니지만 인간은 두 발로 서서 다닌다. 짐승은 각각 일정한 곳에 서식하지만, 인간은 추운 북극 지방에서도 살고 더운 아프리카에서도 산다.

인간은 짐승에 비해 과거를 더 오래 기억하고 미래를 예상한다. 사진을 찍어 과거를 기억하고 미래를 계획하고 대비할 줄 안다. 음식을 다양하고 신선하게 즐기기 위해 냉장고를 사용하며 맛있는 음식과 멋있는 음식을 만들기도 한다. 의학 기술을 이용하여 질병을 어느 정도 해결할 줄 알고 예술적 감각으로 그림을 그리고 감상하며 좋은 음악을 듣고 스포츠를 즐긴다.

짐승처럼 화를 내기도 하지만 용서도 할 수 있고 하고 싶은 일뿐 아니라 꼭 해야 할 일도 한다. 또한 할 수 있는 것과 할 수 없는 것을 판단하고 하고 싶은 일과 해야 하는 일을 구별할 수 있지만 아무런 계획 없이 즉흥적인 행동도 할 수 있다. 피조물인 동시에 인격체인 인간이 갖는 이 특성은 제한된 상황 속에서 가장 최선이 무엇인지 자발적으로 선택할 수 있는 능력이다. 동시에 제한된 상황에 얽매이지 않고 극복하려는 노력도 할 수 있는 능력이다.

오늘은 무슨 옷을 입을지, 어떤 음식을 얼마나 먹고, 누구와 어떻게 만나고, 여가 시간에 무엇을 할지, 이 일과 저 일 중 무엇을 먼저 할지, 몇 시에 잠자리에 들지 등 우리는 하루에도 수천 가지 이상을 선택한다. 인간은 제한적이지만 원하는 것을 선택한다. 신이 인간을 그렇게 다른 피조물과 구별해 놓았다.

원하는 것을 자발적으로 선택할 수 있는 것은 특권이다. 인격적 존재가 아니면 가질 수 없는 인간 고유의 권한이다. 자발적 선택의 권한이 있다는 것만으로도 우리가 특별한 존재임을 알 수 있다. 이 특별한 존재는 자발성을 갖고 자발적 의지를 주장하며 개별적으로 생각하고 느낀다. 자기의 개인적 욕구를 충족하는 방법을 추구하며 신이 피조물이 아닌 창조자로서 스스로 존재하는 것과 같이 인간도 신처럼 자기 힘으로 존재하길 원한다. 신이 만든 피조물이지만 스스로 존재하고 싶은 욕구를 갖는 인간은 신을 닮은 인격체인 것이다.

칸트의 말처럼 우리의 이성은 이미 갖고 있는 지식을 필터로 사용하여 일상의 경험을 판단한다. 필터를 바꾸기 전에는 지식의 확장이 쉽지 않다. 쉽게 말해 인간은 고집이 세다는 말이다. 새로 배우고 받아들이는 것을 몹시 어려워하면서 자기 지식을 마치 절대적인 것처럼 신봉하지만 그 모든 생각은 상대적일 뿐이다. 마케팅 전략가들에게 우리의 선험적 지식이 이용당하는 것을 보면 그렇다.

그림에 유리병 하나가 있고 유리병 표면에 물방울이 맺혀 있다. 그 장면을 보는 순간 우리의 뇌는 그 유리병이 차갑다고 판단한다. 병 안에 들어 있는 갈색 액체에 거품이 있고 한 사람이 그 유리병을 입에 대고 있는 것을 보면 없던 갈증도 생긴다. 이런 반응을 보이는 것은 전에 마셨던 찬 음료가 든 유리컵의 표면에 맺힌 물기를 만진 경험이 있기 때문이다. 경험을 토대로 유리컵 표면에 물기만 있어도 차갑다고 판단하는 것이다. 화면에 나오는 유리병의 물방울은 광고 동영상을 촬영하기 위해 물을 스프레이로 뿌려서 만든 것이지만 우리의 뇌는 지난 경험에 비추어 찬 음료수를 연상한다. 이렇게 30초 동안 보여 주는 동영상 광고는 많은 사람들이 갖고 있는 선험적 지식을 효과적으로 이용하여 소비자의 구매 욕구를 자극한다.

우리의 뇌는 어떤 것을 경험하면 과거의 가장 유사한 경험을 순간적으로 떠올린다. 예를 들어 40세의 남성이 길을 가다가 아카시아 향기를 맡는다. 그 순간 자동으로 초등학교 시절의 추억을 떠올린다. 방과후 친구들과 즐겁게 뛰어놀던 학교를 기억하며 자신도 모르게 얼굴에 미소가 번진다. 지금 그 추억의 향기가 피어나는 곳은 예전에 다니던 학교와 전혀 다른 곳으로 시간도 30년이 지났고 담임 선생님이나 친구들을 찾을 길도 없다. 하지만 갑작스런 꽃 향기가 아름다운 추억을 떠올리게 한 것이다.

우리의 뇌는 거대한 도서관처럼 수많은 기억의 서랍장을 갖고 있다. 각 기억의 서랍에는 과거의 경험이 한 개씩 들어 있다. 새로운 경험을 하면 수많은 기억 중 가장 유사한 경험을 초고속으로 찾아 꺼내어 지금의 경험이 서랍장에서 꺼낸 그 과거의 경험과 같다는 메시지를 준다. 경험은 생각과 감정과 의지를 한 단위로 묶어 놓는 이성의 결과물이다. 이성은 선천적으로 인간이 태어나면서부터 갖는 것이지만 이성이 처리하여 저장해 놓는 경험은 후천적인 것이다. 이성은 새롭게 보고 듣고 냄새를 맡고 맛을 보고 피부로 느끼는 감각을 통해 뇌로 전달되는 정보를 접수하고 처리함으로써 지식을 강화하거나 새로운 지식을 만든다.

여러 경험을 통해 하나의 지식을 만들면 그 지식이 주장하는 논리에 크게 벗어나지 않는 또 다른 지식을 그 위에 얹는다. 그것을 '강화'라고 한다. 이성이 자신의 논리를 강화하는 목적은 육체의 생존뿐 아니라 존재 가치의 고취도 포함한다. 어떻게 하면 인정받기 위해 실패를 최소화할지를 항상 고민하는 결과다. 수많은 정보를 처리하되 자기가 선호하는 것을 우선적으로 처리한다. 또한 이성은 개인이 개별적으로 갖고 있는 것으로 타인에 대해 상대적이다. 그래서 타인들과 함께 지식을 나누는 건설적인 대화를 하지 않으면 갈등이 발생한다. 여러 사람들과 대화하면서 자기의 신념이 강화될 수도 있고 반대로 약화될 수도 있다.

C. S. 루이스는 우리에게 어떤 사실을 받아들이게 하는 가장 큰 힘을 권위라고 말한다. 아마존을 한 번도 가 보지 못한 사람이 아마존이 있다고 믿는 이유는 그곳에 가 본 사람이 전하는 말을 들었기 때문이다. 사랑도 마찬가지다. 사랑을 해본 사람이 말하는 사랑은 권위다. 믿지 못했던 것을 믿고 때로는 거짓까지도 믿는 위험이 있지만 우리에게 독립적인 이성이 있는 것은 최대한 논리적으로 따져 보고 이해가 되면 그것을 자발적으로 받아들이기 위해서다. 이성이 없다면 논리적으로 따져 볼 가능성도, 자발성도 없다.

이성은 자발성을 전제로 한다. 스스로 자발적인 판단을 할 수 없는 로봇과는 다르다. 신의 형상을 닮은 우리 인간만 자유의지를 갖는다. 인간의 모든 선택은 자발적이어야 하기에, 우리는 선택의 자유를 침해받을 때 공격받는다고 느낀다. 자발성 없는 인격은 존재할 수 없다. 누구나 선택의 자유를 누릴 존엄성이 있는 것이다.

신호등이 빨간불이면 급해도 서야 한다. 급하다고 빨간불일 때 건너면 사고가 일어날 수 있다. 타인의 자유를 빼앗은 대가다. 내 이익을 위해 계략을 세우고 상대방을 조종하는 사기꾼은 타인의 자유를 침범한 죄에 대해 책임을 져야 한다. 자유에는 항상 책임이 따른다. 나에게 자유가 있고 남에게도 자유가 있다는 것이 개인 자유의 제한이다.

신이 소유한 자유는 무한하지만 인간의 자유는 극히 제한적이다. 이성의 자유가 있고 개인의 자유가 보장되어 있어도 하고 싶은 것을 다 할 수는 없다. 자기가 원하는 모든 것을 자유롭게 선택하고 모두 소유할 수 있다면 얼마나 좋겠는가? 우리는 자발적 선택의 권한이 있다는 것을 근거로 자신을 신이라고 속이기까지 한다. 그러나 아무리 자기가 원하는 것을 다 가질 수 있다고 생각해도 결국 그것이 오류라는 현실에 부딪히게 된다.

제한된 선택권

여러 가지 사항 중 선택이 가능한 것은 별로 없다. 예를 들어 오늘 점심 식사로 된장찌개를 먹고 싶다면 식당을 고르고 돈을 준비해서 그곳에 가야 한다. 돈이 없으면 사 먹을 수 없고 걸어갈 힘이 없어도 식당에 갈 수 없다. 갔어도 식당이 문을 닫고 영업을 하지 않을 수 있다. 또 막상 먹었는데 원하던 맛이 아닐 수도 있다. 이런 여러 변수가 다 맞아야 원하는 된장찌개를 먹을 수 있는 것이다.

서울에 사는 사람이 오늘 부산 해운대 바다에 가고 싶다면 차량과 돈과 시간이 있어야 한다. 해운대에 갔다고 해도 그 결과가 안 좋을 수 있다. 회사를 출근해야 하는 사람이 회사를 빠지고 해운대에 갔다면 이후에 직장에서 벌어질 사회적 고충을 겪어야 한다. 직장이 없는 사람이면 시간적 여유가 있겠지만 돈이 없다면 그것도 문제다. 우리는 어떤 것에도 제한받지 않는 무한한 존재라는 느낌을 맛보기 원하지만 개인은 매우 특별한 시공간의 제한을 인정할 수밖에 없다. 우리는 자발적 선택의 권한을 갖지만 원하는 것을 다 가질 수 없는 것이다.

식욕이 있으면 음식을 먹는다. 하지만 때로는 식욕이 없어도 음식을 입에 넣는다. 술에 취하면 뇌의 화학작용으로 기분이 좋아지지만 술이 건강에 좋지 않다는 것을 안다. 집을 사기 위해 빚을 얻으면 빚을 갚아야 하는 부담이 있다. 하지만 내 명의로 집을 사는 것을 택하기도 하고 또 부담을 덜기 위해 전세를 얻기도 한다. 학생들은 전공을 선택하고 진로를 정하는 일에 여러 가지 사항을 고려한다. 어떤 경우, 의예과에 입학할 수 있지만 법학과를 택한다. 선택과 결정은 개인의 자유다. 자발적으로 무엇이든 선택할 수 있는 것이다. 그런데 무엇을 선택하든지 항상 책임이 따른다. 마음대로 할 수 있다고 정말 완전히 자유로운 것은 아니다.

선택은 자유다. 하지만 자유에는 제한이 있다. 먹고 싶은 음식이 있으면 그 음식을 살 돈이 필요하다. 돈이 없다면 음식을 구할 수 없다. 식욕이 없다면 음식이 앞에 있어도 그림의 떡이다. 술을 마시고 싶어도 마음껏 마실 수 없다. 돈도 문제지만 건강에 해롭고 술에 취해 망가지는 것도 좋지 않으며 결국 중독자 폐인이 되는 불행한 종말도 예상되기 때문이다. 하고 싶다고 다 할 수 있는 것이 아니다.

학생은 전공과 진로를 위해 정말 하고 싶은 공부를 선택해야 한다. 그러나 무엇인가를 공부하고 싶어도 자신의 점수가 낮으면 하고 싶어도 할 수 없다. 그런데 하고 싶은 공부를 했다고 해도 공부한 전공이 졸업 후 반드시 취업을 보장해 주는 것은 아니다. 그래도 괜찮다면 선택은 자유다. 놀고 싶다고 마음껏 놀면 얼마나 좋겠는가? 만족할 만큼 놀려면 매일 일하지 않고 놀아야 한다. 놀려면 먹어야 한다. 먹으려면 음식이 있어야 하고 음식을 구하려면 돈을 벌어야 한다. 평생 놀고 먹을 돈이 있는 사람도 마찬가지다. 매일 놀면 결국 노는 것도 지루해질 것이다. 자유가 있지만 그 자유는 절대적 자유가 아니다. 우리의 자유는 제한적이다.

신을 기준으로 하면, 신은 원하는 것을 선택할 자유가 100%이고 그에 비해 인간의 선택권은 0.00001% 이하로 매우 사소하다. 신의 자유의지에 비해 인간의 자유의지는 매우 작은 범위다. 인간이 다른 피조물에 비해 꽤 많은 선택의 자유를 가지고 있지만 신에 비하면 지극히 사소한 것이다.

만약 법이 한강에 폐기물을 마음대로 버릴 수 있도록 허용한다면 많은 사람들이 그 법의 자유를 남용할 것이다. 폐기물을 버리기 위해 쓰레기 집하장까지 가려면 시간과 연료 비용이 많이 들기 때문에 폐기물을 가까운 강변에 쏟는 경우가 많아질 것이다. 자기중심적인 판단으로 행한 그 일은 한강을 오염시키고 결국 그 오염은 마실 물이 없어지는 결과를 초래할 것이다. 자연 파괴의 대가는 모두 파괴자에게 돌아온다. 인격이 자기중심적인 행동을 할 때는 항상 그 결과를 염두에 두어야 한다. 인격이 자기중심성이라는 특권을 남용할 때 겪는 고통의 대가는 예상보다 크기 때문이다.

고통의 대가가 가장 큰 경우는 사랑하지 말아야 할 것을 사랑하는 것이다. 외도가 여기에 해당한다. 외도는 부부의 신뢰 관계를 무너뜨리고 자녀에게 큰 상처를 입히며 가족 전체를 파괴하는 자유 오남용의 대표적인 예다. 남편은 아내를 희생적으로 사랑해야 한다. 아내는 남편에게 복종하는 사랑을 해야 한다. 부모는 자녀를 조건 없이 사랑해야 한다. 자녀는 부모를 공경하는 사랑을 해야 한다. 친구는 우정으로 서로 사랑해야 한다. 국민은 나라를 충성스럽게 사랑해야 한다. 국가 지도자는 국민을 목숨걸고 보호하는 사랑을 해야 한다.

남편이 아내를 목숨걸고 사랑하지 못하는 것은 오류다. 아내가 남편을 존경하지 못하는 것도 오류다. 자녀가 부모를 공경하지 않는 것도 오류다. 국민이 국가에 충성하지 못하는 것과 지도자가 권력을 남용하는 것도 오류다. 그리고 인간이 신을 신뢰하지 않는 것은 오류 중에서도 근본적인 오류다.

선택의 권한을 오남용하여 신의 기준에서 벗어난 결과는 재앙이다. 인간만 신의 기준에서 벗어날 수 있는 가능성이 있다. 사자나 참새 또는 비둘기가 자연을 오염시킬 일은 없다. 신의 기준, 즉 제한된 선택권을 벗어나는 유일한 존재가 인간인 것이다. 인간이 저지르는 오류가 혐오스럽지, 비둘기가 고가도로 밑에 똥을 싸는 것은 혐오스러운 것이 아니다.

신의 기준에서 이탈하는 것은 생명으로부터의 이탈이며 사랑의 세계로부터 외인이 되는 일이다. 사랑의 세계 밖에는 자비나 은혜 같은 것이 존재하지 않는다. 사랑의 세계에서는 모든 것이 선물로 주어지지만 이탈자와는 전혀 상관없는 혜택이다. 스스로 자기 생명에 책임을 지고 밭을 갈아 소출을 먹으며 생명을 유지하기 위해 또 다른 생명을 희생하고 출산하는 심각한 고통을 겪어야 한다. 기억하라. 신의 기준이 부재할 때 인간에게는 고통만 존재할 뿐이다.

1. 개인적으로 큰 자유를 경험했던 순간은 언제인가?

2. 우리의 자유의지는 무엇이고 그것은 어떤 문제를 일으 킬 수 있는가?

3. 신이 인간에게 자유의지를 준 이유는 무엇인가?

4. 우리는 선택하는 데 어떤 제한을 갖고 있는가?

4.
신은 사랑만
생각한다

신이 피조물에게 신을 거부할 수 있는 선택 사항을 준 것은 신이 자신을 스스로 작은 상자에 가두어 놓은 큰 제한이다. 마치 다른 사람을 감옥에서 풀려나게 하려고 자기가 감옥에 들어가는 것과 유사하다. 하나님을 거부할 수 있는 자발적 선택의 권한을 허용하면서라도 신이 얻고자 한 것은 사랑이다. 신이 스스로를 제한하면서까지 얻고자 한 사랑은 최고의 가치를 지닌 것이다. 인간이 신을 거부할 죄성을 가진 존재라는 것을 알면서도 신은 인간을 창조했다.

죄의 대가는 거대한 고통이지만 사랑을 위해서라면 그런 것은 아무것도 아니다. 사랑은 어떤 대가라도 치를 수 있는 절대적 가치이기 때문이다. 죽는 것보다 사는 것이 훨씬 좋다. 존재하지 않는 것보다 존재하는 것이 훨씬 가치 있다. 그 이유는 사랑 때문이다. 사랑을 잃으면 순서가 뒤바뀐다. 사는 것보다 죽는 것을 생각하고 죽지 못해 살게 된다. 그래서 사랑을 위해 살고 사랑을 위해 존재해야 한다.

사랑은 강요할 수 없다. 자발적인 선택으로만 가능하다. 자발성 없이는 그 누구도 사랑할 수 없는 것이다. 누군가를 사랑한다고 해서 그 사람이 나를 사랑하도록 강요할 수는 없다. 사랑은 인격만 할 수 있는 고유의 특권이다.

어리석은 완고함

양은 시력이 나쁘다. 무엇이든지 희미하게 보여서 눈에 보이는 것이 앞에서 움직이면 졸졸 따라간다. 그래서 양치기 개들이 주위에서 뛰어다니면 목자라고 생각하고 따라간다. 방향 감각이 없어서 보호해 주지 않으면 들짐승에게 잡혀 먹히기 쉽다. 넘어지면 일어나기 힘들고 죽음이 다가오면 온순해진다. 우리는 다 그런 양과 같아서 어디가 어디인지 모르고 각자 자기 길로 다니는 습성이 있다(사 53:6). 우리가 그렇게 우스꽝스런 존재일 수 있는 것이다. 무엇이 우리에게 안전하고 좋은지조차 알지 못하면서 그저 원하는 것이 있으면 그것을 얻으려고 완고하게 고집부리는 모습이 얼마나 어리석은가?

과학자가 '퍼즌'이라는 이름의 인격체를 발명한다고 치자. 그 과학자는 퍼즌을 설계하며 거기에 탑재할 기능을 고민한다. 밥을 먹을 수 있고 말할 수 있고 뛸 수 있으며 축구를 하고 바둑과 장기를 둘 수 있는 모습을 상상한다. 인간이 할 수 있는 거의 모든 일을 할 수 있도록 설계하는 것이 목적인데 한 가지 고민이 있다. '퍼즌을 인간처럼 스스로 생각하고 판단하며 원하는 대로 행동하게 만들 것인가, 아니면 프로그램대로만 움직이게 할 것인가?' 이것을 고민하는 이유는 퍼즌에게 스스로 판단하고 행동하는 기능을 탑재하면 틀림없이 예상치 못한 심각한 문제가 일어날 것이기 때문이다. 퍼즌이 스스로 판단하고 행동하게 되면 통제할 수 없게 될 위험한 상황도 각오해야 한다.

인공지능 로봇이 등장하는 영화에서 볼 수 있듯이 로봇이 스스로 판단하게 되면 문제가 생긴다. 인공지능 로봇은 인간을 가만두면 스스로 파멸할 것이라 판단하고 인간의 안전을 위해 인간을 통제하기로 결정한다. 로봇 무리가 인간의 자유를 제한하고 필요하면 살인까지 저지른다. 놀랍게도 신은 인간에게 그런 엄청난 기능을 부여했다. 인간은 각자 원하는 것을 선택하고 행동을 결정하는 존재다. 신이 인간에게 신을 거부할 수 있는 기능까지 부여한 것은 사랑 때문이다.

인격은 죄의 개연성이 있다. 인격은 인격답지 않을 가능성이 있다는 점에서 자연답지 않을 가능성이 거의 없는 자연과 다르다. 인격은 자의든 타의든 '답지' 않을 가능성이 많다. 남자는 남자고 여자는 여자이다. 사는 것은 생명이고 죽는 것은 사망이다. 산은 산이고 물은 물이다. 산을 보면서 마음속으로 산을 개발해서 돈을 얼마나 벌 수 있을지를 생각하는 것은 가치의 왜곡이고 굴절이며 어긋남이다. 신과의 관계에서 그것은 죄다. 물을 보며 관광지를 개발

할 생각을 먼저 하는 것도 죄다. 죄는 의미와 가치의 왜곡이다. 신의 기준에서 이탈하는 것이다. 자연은 변하지 않기 때문에 아름답다. 자연다움을 버리지 않아서 아름다운 것이다. 그런데 자연의 본래 의미를 왜곡하는 것은 죄다. 그것은 자연을 만든 신의 기준에서 벗어나는 것이기 때문이다.

영화 〈미저리〉(Misery)는 어느 소설 작가의 극성팬이 작가를 납치하여 강금하고 자기가 원하는 소설을 쓰게 하는 끔찍한 내용이다. 이 열성 팬의 오류는 작가를 소유하려 했다는 점이다. 그것은 사랑이 아니라 정신병이다. 강제로 상대를 통제하려는 것은 정신병이고 강박이며 극단적 소유욕이자 파괴적 이기심일 뿐이다. 사랑은 무엇보다 아름답지만 소유욕은 이 세상에서 가장 메스꺼운 비정상이다.

인간이 인간을 소유하는 것은 가장 크게 어긋난 병리 현상이다. 어머니가 자식을 일류 대학에 진학시키려고 아이의 의지와 상관없이 강제로 공부를 시키는 것은 일종의 강박장애(Obsessive-Compulsive Disorder)다. 자녀의 꿈과 상관없이 부모의 꿈을 대신 실현하려는 것이므로 사랑이기보다는 대리 만족을 바라는 이기적 행동이다. 부모는 자녀를 소유할 수 없다. 자녀를 자기 것이라고 착각하면 문제가 발생한다. 자녀가 잘하고 즐거워하는 일을 찾을 수 있도록 도와주어야 하는 부모가 오히려 자녀의 꿈을 빼앗는 결과를 낳게 된다. 이것은 비극이다. 부모는 자녀의 창조 목적을 스스로 찾을 수 있게 도와주어야 한다.

위험 부담을 안고

누군가를 사랑하려면 그 사랑의 대상이 나의 뜻을 따르지 않을 수도 있다는 것을 각오해야 한다. 그것이 사랑의 본질이다. 배우자를 사랑하는 것은 소유하는 것이 아니다. 배우자가 내가 원하는 것을 항상 따르지 않을 것이라 예상하면서도 평생 함께 살고 싶은 의지가 결혼의 기반이 된다. 결혼은 자기중심적인 인격체 둘이 하나가 되는 신비로운 일이다. 둘이면서 하나이고 하나면서 둘인 것을 인정해야 한다. 둘이면서 하나인 것과 하나면서 둘인 것, 두 가지를 모두 믿고 사는 결혼 생활이 행복하다.

서로 소유가 되는 것은 두 사람 스스로 자발적인 의지로 자기를 상대에게 주고자 하는 마음에서 출발한다. 우리는 결코 강제로 다른 사람을 '나'의 소유로 삼아서는 안 된다. 대신 스스로 배우자의 소유가 되기로 결단해야 한다. 두 사람의 마음이 서로의 소유로 헌신되면 그것이 진짜 결혼이고 사랑이다. 참 행복의 비밀이 사랑에 숨겨져 있는 것이다. 그래서 인간에 대한 하나님의 사랑을 배우면 서로 어떻게 사랑할지를 알게 된다.

사랑은 이기적인 존재가 이타적인 관계를 맺는 것이다. 그래서 위험 부담이 따른다. 사랑의 관계는 이상하고 위대하고 일반적이며 동시에 희귀하다고 말할 수 있다. 사랑의 공식은 '1+1=1'이다. 독립적 인격 개체가 서로 하나가 되는 것이 사랑인 것이다. 각자 독립적이어야 하는 동시에 상대방에게 서로 기부함으로써 사랑의 대상의 한 부분이 되도록 허용해야 한다.

'아낌없이 주는 나무'라는 이야기가 있다. 소년에게 모든 것을 준 나무의 위험한 사랑 이야기이다. 나무는 소년과 함께 있는 것을 좋아했지만 소년은 나무가 모든 것을 내어주고 싶어 하는 마음을 이용했다. 소년이 물건을 사는 데 필요한 돈을 마련하도록 나무의 열매를 주었고 집을 짓도록 가지들을 잘라가게 했다. 또한 배를 짓도록 나무의 줄기를 베게 했다. 결국 나무는 나이가 들어 돌아온 그 소년에게 마지막 남은 나무 밑동을 내어주었다. 나무가 원하는 것은 단 한 가지, 함께 있는 것이었다. 무모하다고 할 만큼 가진 것을 모두 주면서까지 함께 있기를 바란 것이다. 이렇게 가진 것을 모두 주어도 아깝지 않은 것이 부모의 사랑이다. 이것은 눈에 보이지 않는 창조주 하나님의 사랑을 간접적으로 보게 한다.

신이 신을 거부할 수 있는 인간을 창조한 이유는 인간과 영원히 함께 살기 원하는 하나님의 사랑에서 비롯되었다. 신은 그렇게 위험한 사랑을 하고 있다. 우리는 부모로부터 아가페 사랑을 받고 배우자와 에로스 사랑을 나누며 친구와 함께 필레오 사랑을 경험하면서 하나님의 무모한 사랑을 비추어 본다.

인격은 신을 닮은 존엄성을 포함한다. 동시에 자기의 존엄성을 포기하는 것도 가능하다. 인격이 갖는 자발성은 죄성을 필연적으로 동반한다. 신은 자기를 닮은 인간을 창조했는데 인간이 필연적으로 가질 수밖에 없는 죄성을 이미 알고 있었다. 그럼에도 인간이라는 인격체를 창조하였다. 왜냐하면 자발성 없이는 사랑도 없기 때문이다.

　하나님의 형상으로 지어진 우리는 자발적 선택권을 갖고 있다. 스스로 무언가를 원하고 그것을 행할 수 있는 능력, 그것은 인격만 갖는 자발성이다. 인격의 자발성은 사랑을 위해 존재한다. 사랑에 관심 없는 인격은 자기주장만 내세우는 괴팍한 독재자일 뿐이다. 인격적인 것은 존중하는 것이고 존중하는 것은 상대의 자발적 선택권을 인정하는 것이다. 사랑을 목적으로 하는 인격에게만 가능한 일이다.

　사랑은 자기중심적 욕구를 완벽하게 충족할 수 있는 유일한 재료다. 사랑은 그 어떤 사람도 세상의 중심에 세워 줄 수 있는 힘을 갖고 있다. 사랑은 '나'를 세상의 주인공이 되게 해주고 동시에 타인이 세상의 중심에 서도록 양보하게 한다. 그것이 사랑의 신비다. 엄마들을 보라. 엄마는 여자보다 강하다. 왜냐하면 엄마는 아기를 위해 목숨을 바칠 정도로 사랑하기 때문이다. 사랑의 가치는 신이 인간에게 죄성을 허용하여 인간이 신을 거부할 것을 감수하면서도 추구한 가치다. 신이 그토록 원하는 사랑은 모든 것 위에 있는 절대적 가치인 것이다.

　사랑의 의지는 스스로 가질 수 있고 버릴 수도 있는 고유의 권한이다. 사랑은 존재의 의미이고 존엄성의 원천이다. 살아 있다는 것은 사랑할 기회가 있다는 의미이며 존재의 남음은 사랑을 선택할 기회가 남은 것을 뜻한다. 사랑하기로 선택하는 것은 인간을 가장 인간답게 만드는 선택이다. 인간이 인간답다는 것은 짐승이 못하는 사랑을 한다는 말이다. 짐승에게 없고 인간에게만 있는 것이 사랑이다. 인간을 인간답게 만드는 최고의 재료는 다름 아닌 사랑인 것이다.

톨스토이의 소설 《사람은 무엇으로 사는가》(더클래식, 2016)라는 18세기 작품에 '미하일'이라는 청년이 등장한다. 그는 인생에서 가장 중요한 세 가지 질문을 한다. "사람의 내부에는 무엇이 있습니까?", "사람에게 허락되지 않는 것은 무엇입니까?", "사람은 무엇으로 삽니까?" 그는 헐벗은 자기를 집으로 데려와 대접하는 마트료나를 보며 사람의 내부에 사랑이 있음을 발견한다. 그리고 미하일은 구두 제작을 주문하는 한 신사의 뒷모습에서 죽음의 천사를 보며 사람에게 허락되지 않은 것은 자기 인생의 남은 시간이 얼마인지 아는 것임을 안다. 마지막으로 남의 아이를 대신 기른 어느 엄마의 모습에서 사람은 사랑으로 산다는 것을 깨닫는다.

결국 사람의 내부에는 사랑이 있고 사람은 자신에게 남은 시간이 얼마인지, 그래서 무엇이 필요한지를 잘 모르지만 그럼에도 사랑으로 산다는 것이다. 톨스토이는 이 소설을 통해 중요한 사실을 알려준다. 사람은 사랑을 가진 위대한 존재이며 앞일을 잘 모르는 제한된 존재지만 그래도 사랑하며 살 줄 안다는 것이다.

2차 세계대전에서 나치는 수많은 사람의 목숨과 재산과 가족과 사람이 누리는 기본적 자유를 빼앗았다. 당시 나치 수용소에서 가까스로 살아남은 사람들 중에는 오스트리아 빈 의과대학 신경정신과 교수인 빅터 프랭클도 있었다. 그는 몇몇 생존자와 마찬가지로 모든 것을 빼앗기고 간신히 목숨만 건졌다. 그러나 그가 목숨 외에 결코 빼앗기지 않은 한 가지가 있었다. 그것은 결코 포기하지 않은 존엄성이었다.

나치 군인들은 죽음의 수용소에서 수용자들로부터 인간의 모든 자유를 강제로 빼앗으려 했다. 수용자들은 동료들이 가스실에서 죽거나 질병과 굶주림에 죽어 나가는 모습을 보며 죽음의 위협을 느꼈다. 그 가운데 그들은 두 가지 선택 사항, '인간으로서의 존엄성을 끝까지 지키느냐, 아니면 짐승처럼 연명하느냐'를 두고 사투를 벌여야 했다. 배고파도 먹을 수 없고 쉬고 싶어도 쉴 수 없고 추위도 입을 옷이 없고 사랑하는 가족을 만날 수도 없었다. 이런 극한의 상황에서 프랭클 박사는 한 가지 중요한 사실을 깨달았다. 나치가 모든 것을 강제로 빼앗는다 해도 인간의 존엄성은 내놓지 않으면 결코 빼앗길 수 없다는 것이었다.

어쩌면 나치가 정말 빼앗고 싶은 것은 수용자들의 존엄성이었을 것이다. 추위와 굶주림, 똥 묻은 신발, 질병은 수용자들을 짐승처럼 변하게 했다. 자고 일어나서 주위에 동료들이 시체가 되어 있는 것을 발견하면 동료의 죽음을 슬퍼할 겨를도 없이 죽은 동료의 신발과 옷을 갖기 위해 달려들었다. 프랭클 박사는 사람들이 짐승처럼 변해 가는 모습을 보며 밤마다 그들에게 인간의 존엄성을 상기시켜 주었다. 그는 모든 것을 다 빼앗기는 순간에도 의지만 있다면 빼앗기지 않을 수 있는 한 가지, 사랑의 의지를 동료들에게 알려 주었다. 그리고 그는 언젠가 사랑하는 아내와 자식을 만날 수 있다는 소망을 놓지 않았다. 그것이 그를 극한의 고통에서 스스로 존엄성을 포기하지 않게 해준 버팀목이었다.

하루에 물 한 잔 받으면 반만 마시고 나머지 반은 동료 수용자에게 나누어 주거나 얼굴을 씻었다. 몸으로 사랑의 의지를 다지고 또 다졌다. 그렇게 인간으로서 결코 포기하지 말아야 할 존엄성을 지킨 것이다. 포기하지 않은 사랑의 의지는 생명의 힘이었다. 살게 하는 생명의 촛불이었다. 그가 나누어 주거나 얼굴을 닦은 반 컵의 물은 몸을 살리고 영혼을 살리는 생명수였다. 물 한 잔이 존엄성을 지키는 위대한 재료였던 것이다. 수용자들은 스스로 사랑의 의지를 포기하면 곧 죽음에 이르렀지만 존엄성을 버리지 않으면 비교적 오래 버텼다.

독일 나치 수용소는 프랭클 박사에게 인생을 사는 의미를 알려 준 실험실이었다. 프랭클 박사의 경험은 지금도 중요한 진리를 증명하는 유용한 자료다. 독일 나치 수용소는 인간에게 가장 근본적이며 가장 능동적 선택 사항이 바로 사랑이라는 것을 증명했다. 사랑이 그를 버티게 하고 환란을 견딜 수 있는 힘이 되어 주었다. 그리고 누구도 빼앗을 수 없는 최고의 보물이 바로 사랑임을 증거했다. 자신만 포기하지 않는다면 가슴에 품은 사랑을 꺼내 갈 수 있는 사람은 아무도 없다. 우리의 생명을 유지하는 궁극적인 선택 사항은 결국 '사랑을 하느냐, 하지 않느냐' 이것뿐이다.

두 가지 선택 사항

최초의 인간인 아담과 하와 앞에 두 가지 선택 사항이 있었다. 선악과였다. 하나님은 선악을 알게 하는 나무의 열매를 먹으면 "정녕 죽으리라"고 말씀하셨지만 그들은 잘못된 선택을 했고(창 2장), 그 결과는 죽음이었다. 영혼이 먼저 죽었다. 그때 마음에 강하게 들어온 것은 수치심이었다. 아담과 하와는 스스로 비참한 존재가 되었다는 것을 직감하고 수치심을 가리기 위해 큰 나뭇잎으로 몸을 가렸다. 그러나 그들이 느낀 수치심은 벌거벗은 것 때문이 아니라 영적인 문제였다.

선악과를 먹기 전과 후가 분명 달랐다. 하나님을 사랑할 때는 자기 존재 가치가 추락될 걱정이 전혀 없었다. 하나님의 주권 안에 안전했고 모든 만물 중 으뜸으로서 하나님을 대리하여 세상을 다스리는 권세를 발휘했다. 그들의 존재 가치는 창조주의 가치와 동일시되는 영광스러운 인생이었다. 하나님처럼 아담과 하와도 VIP(귀인)라는 것을 확신했다. 그러나 하나님에 대한 사랑을 버린 순간 존재의 가치가 나락으로 떨어졌다. 하나님의 눈에 그들은 여전히 우주 최고의 존재였는지 모르지만 그들 스스로 느끼는 자기 존재의 가치는 이전과 사뭇 달랐다. 하나님 앞에 설 면목이 없어진 그들은 몸을 숨겼고 하나님 나라 밖의 외계인이 되어 버렸다. 가치감이 없어진 것은 "정녕 죽으리라"는 하나님의 말씀이 의미하는 바로 그것이었다. 그들은 이제 자기 존재의 가치를 스스로 세워 가야 했다. 가치감을 회복하기 위해 남자는 종일 일하는 수고(labor)를 하고 여자는 해산(labor)의 고통을 겪어야 했다.

우리의 수고는 존엄성 회복을 위한 몸부림이다. 인격적 존재로서 우리는 육체의 목숨보다 영적인 목숨을 더 필사적으로 지키길 원한다. 타인의 평가에 지극히 민감해하면서 '가치감' 또는 '자존감'이라고 부르는 자기의 존엄성을 끊임없이 확인하려 한다. 하지만 자기 가치감의 절대적 고취는 창조자 하나님과의 사랑의 관계 안에서만 가능하다.

악의 뿌리인 사탄은 본래 하나님의 피조물인 천사였지만 스스로 신이 되고자 하나님께 대항했다. 타락 천사인 사탄이 인류의 시작부터 지금까지 오랫동안 계속해 온 일이다. 사탄은 인간이 하나님의 사랑을 믿지 못하게 만들려고 수단과 방법을 가리지 않았다. 그래서 최초의 인류인 아담과 하와 앞에 죽음의 덫을 놓은 것이다. 사탄이 여자에게 이렇게 말했다.

"뱀이 여자에게 이르되 너희가 결코 죽지 아니하리라 너희가 그것을 먹는 날에는 너희 눈이 밝아져 하나님과 같이 되어 선악을 알 줄 하나님이 아심이니라"(창 3:4-5).

뱀은 하나님이 어떤 존재인지에 대해 사실을 왜곡한다. 사탄은 하나님을 마치 자신의 열등함을 숨기려는 부정한 존재처럼 그린다. 그러나 하나님은 사탄이 말하는, 그런 존재가 아니다. 선악을 알게 하는 나무의 열매에 대해 하나님은 "여호와 하나님이 그 사람에게 명하여 이르시되 동산 각종 나무의 열매는 네가 임의로 먹되 선악을 알게 하는 나무의 열매는 먹지 말라 네가 먹는 날에는 반드시 죽으리라 하시니라"(창 2:16-17)고 말씀하셨다. 하지만 사탄은 그 말씀에 비친 하나님을 무언가를 숨기려는 거짓말쟁이라고 말한다.

사탄의 숨은 의도는 하나님과 인간의 사이를 갈라놓으려는 것이다. 속임수지만 인간이 하나님을 하나님답지 않다고 생각하게 하는 것은 어렵지 않아 보인다. 인간은 스스로 하나님처럼 될 수 있다는 착각에 빠지기 쉽기 때문이다. 하나님이 하나님다우면 인간은 하나님을 섬겨야 하고 하나님을 섬기는 것은 우리 자신이 하나님처럼 되는 것을 포기해야 한다는 의미다. 하나님이 하나님답고 인간이 인간다운 것만큼 아름다운 것은 없지만 우리는 이것을 불편해한다.

우리가 하나님을 왜곡하고 오해하는 것은 창조 질서에서 벗어나는 것이다. 사탄은 그 점을 노린다. 하나님을 하나님답지 않은 모습으로 왜곡하는 방법은 꽤 다양하다. 유사 신을 만드는 것도 한 방법이다. 십계명(출 20장)의 1계명은 바로 이 점을 경계한다. "너는 나 외에 다른 신을 네게 두지 말라." 2계명은 이러하다.

"너를 위하여 새긴 우상을 만들지 말고 또 위로 하늘에 있는 것이나 아래로 땅에 있는 것이나 땅 아래 물 속에 있는 것의 어떤 형상도 만들지 말며 그것들에게 절하지 말며 그것들을 섬기지 말라 나 네 하나님 여호와는 질투하는 하나님인즉 나를 미워하는 자의 죄를 갚되 아버지로부터 아들에게로 삼사 대까지 이르게 하거니와 나를 사랑하고 내 계명을 지키는 자에게는 천 대까지 은혜를 베푸느니라"(출 20:4-6).

2계명에서 특별히 주목해야 할 부분이 "나를 사랑하고"다. 신을 사랑하는 것은 신과 인간 사이에 그 어떤 존재도 끼어들 수 없는 배타적 신-인 관계를 말한다. 배타적 신-인 관계의 시작은 하나님을 사랑의 대상으로 보는 것이다.

인간이 하나님의 사랑을 회복하는 유일한 방법은 실제로 이루어졌다. 그동안 하나님의 계획 속에서 철저히 준비되었고 계획대로 다 이루어졌다(요 19:30). 이렇게 죄를 구속하는 것은 인간이 할 수 있는 일이 아니다. 인간이 어떤 노력을 해도 하나님의 사랑은 회복할 수 있는 것이 아닌 것이다. 우리의 영적인 생명의 회복을 위해 신이 계획하고 이룬 일이 유일한 방법이다.

사탄의 계략은 지금도 계속된다. 우리가 스스로 자발적 사랑의 선택권을 포기하게 하는 일을 계속 진행하고 있다. 나치가 죽음의 수용소에서 했던 악행처럼 말이다. 사탄의 의도는 사랑하지 않게 하는 것이며 이는 신과 인간의 관계 단절을 의미한다. 사랑이 아니면 신-인 관계는 결코 이루어질 수 없다. 하나님 없이 인간은 존엄할 수 없고 신과 인간이 화목해질 수 있는 유일한 방법은 사랑이다.

사람과 사람의 관계에서도 사랑이 없으면 화목할 수 없다. 그것이 인격이다. 사랑이 없으면 이익을 위해 맺는 계약 관계처럼 사무적일 뿐이다. 부모와 자식이 서로 사랑하되 부모로서 자식을 사랑하고 자녀로서 부모를 사랑하는 것, 그 이상 그 이하도 아니다. 신-인 관계도 마찬가지다. 신은 신으로서, 인간은 인간으로서 서로 사랑해야 한다. 그러나 우리가 신을 신으로 섬기지 못하면 제대로 신을 사랑할 수 없다.

--- 토론 가이드 --

1. 인격과 비인격의 차이는 무엇인가?

2. 인간이 창조된 인격이기 때문에 갖는 독특한 속성은 무엇인가?

3. 신은 인간이라는 인격체를 창조할 때 어떤 위험을 감수했는가?

4. 창조된 인격 앞에 놓인 실존적으로 중대한 두 가지 선택 사항은 무엇인가?

Open the Door

사랑한다는 것
신을 안다는 것

오래전 신문에 "사랑이란"이라는 제목의 킴 카잘리의 글이 연재된 적이 있었다. 그는 사랑을 다양한 표현으로 정의했다. "사랑은 나누는 것이다. 사랑은 인생이라는 춤의 댄스 파트너다. 사랑은 기꺼이 타협하는 것이다." 오랫동안 사랑에 대한 새로운 정의가 많았지만 사랑을 이해하기에 여전히 충분한 것 같지 않다. 아무리 많은 미사어구로 사랑을 말해도 사랑은 여전히 신비롭다. 사랑을 이해하는 것은 간단하지 않지만 한 가지 확실한 것은 사랑이 이기심으로 딱딱하게 굳은 마음을 부드럽게 변화시킬 수 있다는 점이다. 이것은 사자가 초식 동물로 바뀌는 것보다 더 어려운 변화다.

그런데 사랑에 대한 오해도 있다. 그것은 인간 스스로 사랑을 잘하도록 사랑에 타고났다고 생각한다는 점이다. 아니다. 우리는 사랑받는 것은 좋아하지만 사랑하는 것은 불편해한다. 사랑을 잘하는 방법을 따로 배우지 않으면 유치한 사랑 중독에서 벗어나기 어렵다. 사랑을 잘 배워야 한다. 그런데 역설적으로 사랑하는 것을 배우는 유일한 방법은 사랑을 받는 것이다. 그리고 사랑하려면 먼저 신의 사랑을 받아야 한다. 신의 사랑이 최고다.

1.
사랑은 원래 자리로
돌아가는 것이다

사랑은 가장 좋은 것이어서 쉽게 믿어지지 않는다. 우리는 사랑을 믿기 위해 증거가 필요하다. 남자가 사랑하는 여인에게 청혼할 때 사랑의 증표로 반지를 선사한다. '당신을 나의 여인으로 영원히 사랑하고 싶어요'라는 메시지를 전하는 것이다. 또 생일 선물은 '당신은 나에게 존귀한 존재예요'라는 메시지를 포함한다. 한 끼의 식사도 쉽게 할 수 없는 가난한 부부의 남편이 장미꽃 한 송이를 아내에게 선물하는 것은 '우리가 비록 가난하지만 장미꽃처럼 아름다운 당신이면 충분해요'라는 의미다.

자신감의 오류, 신이 되려는 욕심

인간이 아니라 신이 인간에게 선물을 준다면 어떨까? 그것은 무엇과도 바꿀 수 없는 이 세상 최고의 선물일 것이다. 신의 선물은 이 세상 어느 것보다 순수하고 가치 있는 것이다. 왜냐하면 신은 어떤 것을 바라고 선물을 주지 않기 때문이다. 신은 어떤 것을 필요로 하는 존재가 아니다. 우리가 가진 모든 것이 신으로부터 왔고 신은 무에서 유를 창조하는 존재다. 그런 신이 인간에게 무엇을 얻기 위해 선물을 줄 필요가 있겠는가? 신의 선물은 무언가를 더 주려는 선물이지, 생색을 내려는 것이 아니다. 신이 사람에게 무엇을 주는 것은 그 사람을 더 온전한 존재로 만들기 위해서다(살전 5:23).

이스라엘의 왕이었던 다윗은 간음과 살인을 범했다. 충성스런 군인 우리아의 아내 밧세바를 범하고 얼마 지나지 않아 그 여인이 임신했다는 소식을 듣게 되었다. 다윗은 자신의 범죄 사실을 은폐하기 위해 전장에 나간 우리아를 불러들여 밧세바와 시간을 보내도록 종용했다. 그러나 우리아는 동료 군인들이 전장에 나가 있는 상황에서 자기만 편히 쉴 수 없다며 귀가하지 않았다. 다윗은 상황이 자기 뜻대로 되지 않자 우리아를 가장 위험한 전투에 내보내 죽게 하고 밧세바를 아내로 맞이했다. 다행히 다윗의 끔찍한 범죄 실화는 여기서 끝나지 않았다. 그랬다면 다윗은 죽을 때까지 그의 극악무도한 죄를 인정하지 않았을 것이다. 선지자 나단이 다윗을 찾아가 이야기 하나를 들려주었다. 많은 양을 소유한 부자가 가난한 이웃이 가진 소중한 양 한 마리를 빼앗아 그것으로 손님을 대접한다는 내용이었다. 다윗은 이야기 속의 악한 부자에 대해 분노했지만 나단은 이 악한 부자가 바로 다윗이라는 것을 알려 주었다.

누구나 죄를 범하고 그것이 죄가 아니라고 자신을 속이며 사람들에게 숨기려 하고 계획대로 되지 않으면 점점 죄악의 수위를 높여간다. 다윗도 예외는 아니었다. 다윗은 거인 골리앗을 하나님의 이름으로 담대히 물리친 용사였다. 수많은 전투에서 하나님의 영광을 드러낸 하나님의 사람이었다. 그는 하나님을 경외한다고, 하나님의 사랑을 누구보다 신뢰한다고, 많은 시편에서 고백한 믿음의 사람이 기도 했다. 그는 언제나 무능한 양 같은 자신을 사랑해 주시는 목자 하나님을 진실로 신뢰했다. 모든 힘과 능력은 하나님께 오는 것이 며 하나님이 인생을 주관하시는 분임을 철저히 믿고 살았다.

그런데 한순간 사랑했던 하나님 대신 자신의 욕망을 택했다. 자기가 신이 되어 우주의 왕이 된 것처럼 스스로 속였다. 하나님을 속이고 백성을 속였다. 그리고 왕권을 남용했다. 무엇이든 마음대로 할 수 있는 무한한 힘을 가진 존재라며 자기를 속인 것이다.

모든 죄의 뿌리가 그렇듯이 간음과 살인의 근본적 동기는 하나님을 인정하지 않는 것이다. 그가 형벌을 받아야 할 여러 죄목 중 죄질이 가장 악한 죄는 불신앙이다. 다윗은 순간적으로 자신을 신이라고 착각하는 중죄를 범했다. 간음이나 살인보다 훨씬 역겹고 수치스러운 죄의 뿌리다. 다윗은 방심했고 자만했다. 하나님의 사랑 대신 다른 것에 눈을 돌린 것이 문제였다. 왕의 권력이 좋았고 왕궁에서 누리는 혜택이 짜릿하고 뿌듯했다. 왕의 금고에 쌓이는 재물이 하나님을 대신해 그의 마음을 채우고 있었던 것이다.

뇌 과학자 이안 로버트슨이 말한 것처럼 "권력이 뇌 구조를 바꾼 것"[11]이었다. 승리를 거듭하고 백성의 존경을 받는 왕이었던 그는 안전한 궁궐에서 보호 관리를 받으며 말 한마디로 세상을 움직이는 권력을 갖고 있었다. 얼마 전까지만 해도 사울에게 쫓기며 척박한 광야에서 숨어 살았던 도망자 신세로, 죽지 않기 위해 침을 흘리며 미친 사람 시늉도 하고, 사울과 블레셋의 손에 잡히지 않으려고 어두운 동굴을 찾아다니며 굶지 않기 위해 사투를 벌여야 했다. 그런 그가 왕이 되어 세상을 움직이는 권력자가 되었다. 그리고 마치 자신이 한 나라가 아니라 우주의 왕인 것처럼 신의 자리에 앉는 끔찍한 실수를 저지른 것이다.

당시 다윗의 뇌 구조 변화를 연구했다면 흥미로운 결과를 볼 수 있었을 것이다. 광야 생활을 하는 다윗의 뇌는 많은 스트레스 호르몬이 분비되고 있었을 것이고 권력자가 된 다윗의 뇌는 중독성 도파민 호르몬이 그를 흥분시키고 있었을 것이다. 흥미로운 점은 고된 광야 생활을 할 때보다 왕궁에서 그의 뇌를 지배하는 행복감이 다윗을 위기로 몰아가는 데 한 몫을 했다는 점이다. 다윗이 느끼는 행복은 도파민의 결과물이었다. 그것이 그의 인생을 위기로 몰고 간 마약이었던 것이다.

광야라는 스트레스 상황에서 다윗은 더 지혜로웠고 잘 판단했으며 유익과 무익을 분별했고 하나님의 사랑을 신뢰했다. 하지만 편안한 왕궁은 하나님의 사랑을 대신하는 대체물이었다. 명예와 권력은 그가 마음을 다해 섬겼던 하나님을 신의 자리에서 내리고 대신 자신을 그 자리에 앉도록 부추기는 간신배였다. 그는 자신도 모르게 그렇게 추락했다. 몸은 편하고 기분도 좋았지만 그의 영혼은 어두움의 늪으로 떨어지고 있었다. 인생이 하나님의 사랑으로 충분하다고 고백했던 다윗은 사라지고 한 여인을 갖기 위해 모든 것을 포기하는 유치하고 어리석은 다윗이 되어 갔던 것이다.

유진 피터슨은 "범죄 이야기들은 다 비슷하다. 사실 모든 죄가 같은 주제(스스로 신이 되려는 것, 삶을 제멋대로 하려는 것, 다른 사람의 삶을 지배하려는 것)를 여러 가지 방법으로 반복하는 것에 불과하기 때문이다"[12] 라고 지적하며 다윗의 죄가 지금 우리의 문제이기도 하다는 사실을 새삼 깨닫게 해준다.

우주적 편집증

우리는 스스로 신이 되려는 빗나간 욕심을 좀처럼 버리지 못한다. 피조물이 창조주의 자리를 호시탐탐 노리며 기회만 되면 마음으로 부모를 업신여기고 살인하고 간음하고 남의 것을 훔치고 거짓말하며 이웃의 소유를 탐낸다. 인생의 왕좌에 있는 불편한 하나님 대신 우리 마음대로 통제할 수 있는 가짜 신을 만들어 경배하고 하나님의 완전함에 흠집 내기를 계속한다. 그렇게 신의 왕권을 뒤집으려는 엄청난 음모를 꾸미며 겉으로는 아무 일이 없는 듯 자신을 속이기 일쑤다. 이렇게 우리가 품고 있는 하나님을 향한 적대감은 하나님이 우리에게 적대감을 갖고 있을지 모른다는 영적 편집증에서 출발한다. 우리는 하나님으로부터 가능한 멀리 도망치면서 하나님이 우리를 사랑한다는 사실을 소설의 허구로만 생각하는 것이다.

어느 마을에 매번 사람들의 눈을 피해 마을의 우물가에 나오는 여인이 있었다. 그녀는 결혼을 다섯 번 실패하고 절망 가운데 살면서 실낱같은 소망의 끈을 하나 붙들고 있었다. 많은 사람이 오래전부터 이야기했던 메시아에 대한 소망이었다. 그녀는 언젠가 비참한 자신의 인생을 구원할 메시아가 오기를 고대하고 있었다. '과연 이 세상에 살아 있는 동안 메시아가 올까? 절망을 희망으로, 수치를 영광으로 바꿀 그리스도가 과연 올까?'라는 질문을 가슴에 품고 그날도 보통 때와 같이 사람이 다니지 않는 한낮 정오에 우물가에 갔다. 그때 유대인으로 보이는 한 남자가 다가와 미소를 띤 얼굴로 물을 청했다. 여인은 불편해하며 이렇게 말했다.

"당신은 유대인인데 어째서 유대인이 상종하지도 않는 사마리아 여자인 나에게 물을 달라고 합니까?"

그러자 이 남자는 엉뚱한 말을 했다.

"내가 누구인지 알았다면 당신은 나에게 생수를 달라고 했을 것이고 그러면 나는 당신에게 생수를 주었을 것이오."

궁금해진 여인이 물었다.

"그런 생수를 여기서 어떻게 구합니까?"

그러자 남자가 답했다.

"이 우물을 마시면 다시 목마르지만 내가 주는 물은 영원히 목마르지 않는 샘물이요."

이상하다고 느낀 여인이 요구했다.

"그런 물이 있다면 나에게 주세요. 그러면 내가 다시는 목마르지 않고 물을 길으러 여기까지 올 필요도 없을 테니까요."

그때 준비가 되었다고 생각한 남자는 이렇게 말했다.

"가서 당신 남편을 데려와 보시오."

"저는 남편이 없습니다."

"남편이 없다는 당신의 말이 옳소. 당신은 남편이 다섯이나 있었고 지금 당신과 함께 살고 있는 사람은 사실 남편이 아니니까 바른 말을 한 것이오."

여자는 편안한 표정과 부드러운 말투와 자신의 처지를 꿰뚫어 보는 이 남자에게 신비함을 느꼈다.

"당신은 예언자인 것 같습니다. 그렇다면 들어 보십시오. 우리 조상들은 이 산에서 예배를 드렸는데 유대인들은 예루살렘에서 예배를 드려야 한다고 주장합니다."

"여자여, 내 말을 잘 듣고 믿으시오. 이 산이든 예루살렘이든 장소와 상관없이 아버지께 예배드리는 때가 오고 있소. 사마리아 사람들은 알지 못하는 것을 예배하고 우리는 아는 것을 예배하오. 이것은 구원이 유대인에게서 나오기 때문이오. 아버지께 진정으로 영적인 진실한 예배를 드릴 때가 오는데, 아버지는 바로 그렇게 예배하는 사람을 찾으시오. 하나님은 영이기 때문에 예배하는 사람은 영적인 진실한 예배를 드려야 하는 것이오."

유대인이든 사마리아인이든 어느 나라, 어느 민족, 어느 문화나 장소와 상관없이 영이신 하나님을 예배할 수 있는 때가 온다는 이야기였다. 그녀는 충격적인 그 이야기가 혹시 자신이 고대하고 있는 메시아와 관련이 있는지 궁금했다. 그래서 이렇게 말했다.

"나는 그리스도라는 메시아가 오실 것을 알고 있습니다. 그분이 오시면 모든 것을 우리에게 설명해 주실 것입니다."

그러자 예수님이 "당신이 지금 말하는 내가 바로 그 메시아요"라고 정체를 밝히셨다.

영혼의 목마름을 느끼고 있던 이 여인은 꿈에 그리던 메시아를 만났다. 그녀는 결혼 실패와 종교적 열등감의 상처 때문에 마음이 너덜너덜해진 누더기와 같았다. 이 세상에 자기를 가치 있게 여기는 사람 하나 없이 살아갈 의미를 찾지 못한 채 고독한 인생을 살아야 했다. 사랑을 찾아 여섯 번째 남자를 품었지만 그와는 아예 결혼도 하지 않고 있었다. 앉으나 일어서나 원망, 슬픔, 절망, 무기력의 고통스런 감정이 그를 짓눌렀다. 세상에서 그녀는 실패자였던 것이다.

하지만 메시아는 그녀를 귀한 존재로 여기며 다르게 생각하셨다. 메시아 예수님은 일부러 그곳을 찾아 그녀와 대화하셨고 그녀의 고통을 무시하지 않으셨다. 그녀의 고뇌를 공감했고 그녀를 치유와 변화의 길로 초대하셨다. 그녀는 메시아를 통해 눈에는 보이지 않지만 그녀를 많이 사랑하시는 창조신을 보게 되었다. 하나님이 그녀를 이미 귀한 존재로 여기신다는 진리를 깊이 깨달았다. 그리고 비참한 인생에서 영광스러운 인생으로 구원받은 그녀는 더 이상 실패자가 아니었다.

우리는 마치 어느 불쌍한 섬 아이들처럼 하나님을 불신한다. 어느 오지의 섬 학교의 아이들은 선생님이 새로 부임하고 얼마 지나지 않아 섬을 떠나는 것을 싫어했다. 그 아이들은 선생님의 관심과 사랑을 받기를 원했지만 선생님들의 떠나는 뒷모습을 보며 매번 거절의 상처를 경험한 것이었다. 아이들은 그것이 싫어서 선생님을 외면하거나 선생님의 물건을 감추었다. 하나님을 대하는 우리도 이와 비슷하다. 인생이 주는 고통을 하나님의 벌이라 생각하며 고통을 하나님의 거절로 생각한다. 실망하지 않으려고 하나님을 외면하거나 하나님께 반항하며 분노하고 하나님의 사랑을 부인한다. 때로는 하나님이 싫어하시는 행동을 하기도 한다. 물론 하나님은 그들의 선생님처럼 왔다가 떠나는 분이 아니다.

영화 〈스타워즈〉(Star Wars)는 선과 악의 치열한 싸움을 그린다. 악의 원흉으로 등장하는 다스 시디어스는 특별한 능력을 가진 제다이 기사들의 마음을 바꿔서 악의 편에 서게 하거나 제거하려 한다. 원래 선의 편에 섰던 아나킨 스카이워커가 악의 편이 되면서 다스베이더가 되었다. 마지막 순간 그는 아들이면서 선의 유일한 보루인 루크 스카이워커와 마주한다. 그때 그들의 대화가 감동적이다.

"아들아, 이 마스크를 벗겨다오."

"그러면 아버지의 목숨이 위험해요."

"이제 아무것도 내 죽음을 막지 못한다. 단 한 번이라도 내 눈으로 직접 너를 보고 싶구나. 이제 가라, 아들아."

"아니에요. 아버지를 두고 갈 수 없어요. 제가 구해 드릴게요."

"너는 이미 나를 구했어. 아들아, 네가 옳았다."

그렇게 마지막 순간에 아버지 스카이워커는 아들 스카이워커에게 선을 인정하고 죽는다. 이렇게 영화나 드라마에서는 선과 악의 세력의 싸움을 쉽게 볼 수 있다. 악은 더 체계적이고 강한 힘을 갖고 선을 제압하려 한다. 악의 힘이 강하여 선한 사람들을 고통 가운데 몰아넣다가 마지막에 극적으로 선이 악을 이긴다. 그리고 우리는 현실을 표현하는 이런 영화 이야기에 공감한다. 우리 삶이 그렇게 선과 악이 이기고 지는 것을 반복하는 치열한 전쟁터이기 때문이다.

하지만 여기서 유의할 점이 있다. 악의 세력이 만들어 내는 인생의 고통을 그냥 두고 보는 신이 야속하게 느껴질 수 있다는 것이다. 마치 악을 이기지 못하는 무기력한 신에 대해 혹시 신이 선인을 싫어할지 모른다는 괴로운 생각도 한다. 신에 대한 불신 때문에 우리는 신이 우리를 좋아할 것이라는 생각은커녕 신이 제발 무관심해 주기를 바라기까지 한다. 신의 간섭을 불편한 것으로 느끼며 신을 부정하려 하는 것이다. 그러다 보니 신에 대한 거부감이 강해서 우리 스스로 신의 사랑을 마음 깊이 받아들일 수 없어진다.

이 위험한 생각에서 벗어나려면 선과 악이 서로 동등한 세력이 아니라는 점을 재차 확인해야 한다. 하나님과 사탄이 서로 동등하게 겨루고 있다는 오해를 하기가 쉽기 때문이다. 이 오해는 하나님의 무한한 사랑을 신뢰하는 데 큰 걸림돌이 된다. 인생에 고통이 있다고 해서 하나님의 사랑이 형편없다고 생각하는 것은 옳지 않다.

선을 기대하지만 실망할 때도 있다. 그러나 푸슈킨의 시에 나오는 "삶이 그대를 속일지라도 슬퍼하거나 노여워하지 마라"는 말처럼 선에 대한 기대를 포기하지 말아야 한다. 기대했던 결혼이 실패로 돌아가도 선에 대한 기대를 버리지 말아야 한다. 믿었던 친구가 배신해도 선은 여전히 실재하고 강하다는 것을 기억해야 한다. 소중한 사람을 잃어도 하나님의 사랑의 끈을 놓지 말아야 한다. 고통스런 실패와 낙망이 긴 터널처럼 계속되어도 신의 무한한 사랑을 믿어야 한다. 하나님은 살아 계시고 끝없이 거대한 우주의 질서를 유지하며 아주 작아 보이는 우리 각 사람의 인생을 선한 목적으로 인도하시기 때문이다.

사탄은 마치 신이 정직하지 않고 악한 존재인 것처럼 거짓말한다. 신이 인간을 로봇처럼 아무런 선택 의지를 갖지 못하게 만들었다는 말도 거짓말이고 신 없이 인간이 행복해질 수 있다는 말도 거짓말이다. 하나님은 인간을 만들어 놓고 될 대로 되라는 식으로 방치하지 않으신다. 신에 대한 오해는 신과 인간의 사랑의 관계를 망가뜨리는 악마적 함정이므로 주의해야 한다.

신은 사랑을 위해 반드시 필요한 인격적 선택 권한을 인간에게 부여했다. 그러나 사탄은 인간을 사랑이라는 최고의 목적에서 벗어나도록 훼방한다. 사탄은 신이 인간처럼 연약한 존재라고 속인다. 그래서 마치 신이 자기의 불완전을 감추려고 선악과를 먹지 못하게 한 것처럼 거짓말했고, 그 속임수에 걸려든 하와와 아담은 신도 별것 아니라는 거짓 신념을 갖게 되었다. 그때 그들은 신을 비겁한 이기주의자로 오해한 것이다.

사탄의 교활한 속임수에 속아 넘어간 인간은 신의 마음을 공감하는 것을 그만두고 그들이 원하는 것을 독립적으로 생각하고 스스로 지혜로워질 수 있다는 기대를 품었다. 그리고 그 의지를 행동으로 옮겼다. 생각이 바뀌고 새로운 감정과 새로운 의지를 갖게 되었다. 그렇게 기준에서 벗어난 인간은 신으로부터 생각, 감정, 의지, 육신의 전인격적 이탈을 감행한 것이다.

우리가 하나님의 사랑을 철저히 부인해도 하나님은 여전히 우리에게 구애하신다. 신의 사랑은 무한하다. 하나님의 사랑을 말하는 히브리어 '헤세드'(chesed)는 인간이 상상하기 어려운 위대한 사랑과 은혜를 포함한다. 헤세드는 '사랑'이라는 단어에 가깝지만 한국이나 미국 문화에서 생각하는 사랑과 조금 다르다. 사랑과 자비와 은혜와 인자 등의 단어를 모두 합쳐야 헤세드의 본래 의미에 가깝다. 하나님의 사랑은 무조건 무한 용서하고 용납하고 공급하고 이해하고 인내하며 존중하는 사랑이다. 우리의 모든 지혜를 총동원해도 다 이해할 수 없는 이타성의 극치인 것이다. 헤세드는 숭고하고 위대하기 때문에 현실에 존재하지 않는 상상 속의 판타지로 취급되는 경우가 많다.

헤세드를 인정하지 못하는 이유는 우리가 스스로 그런 사랑을 받을 자격이 없다고 믿기 때문이다. 우리는 그렇게 착각에 착각을 거듭하며 하나님의 놀라운 사랑을 불신한다. 그러나 하나님은 그분 자체가 사랑이기에 사랑하지 않는 것이 불가능하다(요일 4장). 문제는 우리다. 무한한 하나님의 사랑을 좀처럼 믿지 않는, 비뚤어진 우리의 마음이 문제다. 마음 깊은 곳에서는 하나님의 사랑을 갈구하지만 그 사랑을 믿지 못하는 우리의 불신이 하나님의 사랑을 우리의 것으로 받아들이지 못하게 하는 것이다.

그러나 일단 하나님의 사랑을 신뢰하면 어느 조건과 상황에도 영원히 변하지 않고 계속되는, 가장 안전하고 최고로 행복한 인생을 살 수 있다. 하나님의 사랑이 주는 행복은 도파민이 느끼게 하는 생물학적인 행복과 다르다. 하나님은 우주를 창조한 신으로 75억 명 각각의 인격을 기억하신다. 각 사람의 머리카락 숫자까지 파악하고 계실 정도다(마 10:30).

신이 기억하고 존중하는 존귀한 존재라는 사실을 아는 인간은 타인이 아무리 업신여기고 무시해도 개의치 않는다. 부모가 저주한 자식이라도 하나님의 사랑이면 충분하다. 이 세상을 만든 하늘 아버지가 존귀하게 여기는 자녀인데 다른 사람들이 어떻게 대하든 상관없는 것이다. 사람들이 손가락질하는 비천한 인생도 천부가 "너는 내가 사랑하는 나의 아들이고 딸이다"(행 13:33; 롬 8:15)라고 하면 그 말씀은 큰 소망이 된다. 사람이 주는 수치는 해방된 노예의 노예

문서처럼 더는 효력을 발휘하지 않는다. 지극히 높은 하나님의 영광을 함께 공유하는 절대적 왕족으로 완전한 자유를 누리게 된다.

신의 한없는 구애

신의 사랑의 증표는 하나님의 독생자 예수 그리스도다. 신의 사랑을 신뢰하도록 증거를 제시하는 일은 인간이 할 수 없다. 하나님만 하실 수 있다. 하나님은 우리를 사랑하는 것을 증명하셨다. 메시아인 예수 그리스도가 인류가 넘지 못할 것만 같았던 하늘과 땅의 거대한 간격을 연결하는 사다리가 되어 주셨다. 성경에는 그 거대한 간격은 죄로, 그리스도가 우리를 위해 죽으심으로 그 죄의 문제를 해결하셨고 그렇게 하신 이유는 하나님이 우리를 사랑하시기 때문에 그렇게 하신 거라고 확증되어 있다(롬 5:8).

메시아는 하나님과 인간 사이를 잇는 다리로 아무리 훌륭한 인간도 할 수 없는 신적인 역할을 한다. 그러므로 신이 해야 한다. 메시아는 신의 완전함을 가진 의로운 존재여야 한다. 선의 기준이며 어린양처럼 순결해야 한다. 그리고 메시아는 희생 제사의 제물이 되어야 하기 때문에 신이지만 육신을 입어야 했다. 또 메시아는 전 우주적인 구원자, 신의 사랑을 확증하는 역할을 해야 한다. 신이 의의 기준이며 동시에 사랑임을 믿게 할 만한 중보자여야 하는 것이다. 그 메시아가 예수 그리스도이며 예수님은 창조주 하나님의 독생자다. 신이 독생자 예수를 인류를 위해 주셨음을 믿는 것이 신이 우리를 얼마나 사랑하는지를 믿을 수 있는 유일한 길이다(요 14:6).

하나님의 일은 항상 완벽하다. 더할 것도 없고 뺄 것도 없이 완전하기 때문에 하나님의 선물은 우리에게 최고의 선물이다. 선물의 내용도, 선물의 목적도 최고다. 그래서 우리 인간을 온전하게 만드는 최고의 선물은 예수 그리스도다. 예수님은 우리를 위해 목숨을 버리심으로 우리로 하나님의 사랑을 믿게 하시는 최고의 선물이 되셨다(요 3:16). 성자 하나님이 신의 자리를 버리고 인간의 형체로 이 땅에 오셔서 비천한 신분으로 가장 잔인하고 끔찍한 형벌을 감당하셨다(빌 2장). 그것은 인류를 위한 우주 최고의 희생으로 신이 아니면 도무지 이룰 수 없는 희생이었다. 우리가 하나님의 완전한 사랑을 신뢰하기 위해서는 십자가 외에 다른 방법이 없다.

스스로 신이 되려는 우리의 역겨운 욕심을 멈추는 유일한 방법이 그리스도의 십자가다. 십자가에서 인간의 죄악을 대속하신 예수님이 하나님의 아들이고 결국 죽을 수밖에 없는 비참한 인생을 위한 유일한 구원자라는 사실을 믿는 것이다(요 14:6). 그는 십자가에서 분명히 죽고 사망 선고를 받은 후 무덤에 안치되셨지만 3일 후 다시 살아나셨으며 신의 무한 사랑을 믿게 하는 유일한 증표가 되셨다(롬 5:8). 예수의 십자가는 우리에게 최고의 선물로 그 외 어떤 것도 우리의 존엄성과 아름다움을 증명할 수 없다.

우리는 본래 하나님을 닮은 위대한 존재지만 이 세상은 우리의 위대성을 망각하게 한다. 학교 점수에 따라 등수를 매기고 그 등수

대로 가치를 정한다. 가치 있는 직업과 덜 가치 있는 직업으로 분류하고 돈이 많은 사람을 존귀한 것처럼 대우한다. 사회적 지위의 격차를 존재 가치의 차이인 것처럼 속이기도 한다. 돌아온 탕자의 형이 아버지가 품고 있던 사랑의 법을 무시하고 형편없어 보이는 동생 탕자를 정죄했던 것과 같다(눅 13장).

하나님의 사랑을 신뢰하는 것은 마치 아버지의 재산을 모두 탕진한 아들이 자기를 여전히 즐겁게 반겨 주는 아버지의 품에 돌아오는 것과 같다. 어떤 아버지에게 두 아들이 있었는데 어느 날 둘째 아들이 아버지에게 자기가 상속받을 재산을 요구했고 그는 받은 그 재산을 가지고 멀리 떠나 술 마시고 창기들과 어울리며 모두 탕진한다. 돈 때문에 접근했던 사람들이 다 떠나고 혼자 남아 돼지 사료로 연명하던 그는 문득 아버지를 떠올렸다.

그래서 그는 면목없지만 아버지를 찾아 집으로 돌아갔다. 한편 매일 밖에 나가 언제 아들이 돌아올까 기다리던 아버지는 드디어 아들의 모습을 보고 귀향하는 아들을 향해 뛰어나가 끌어안고 반기며 그날을 축제의 날로 선포한다. 소를 잡고 온 동네가 먹을 잔치 음식을 준비하며 아들이 돌아온 것을 기뻐했다. 잃었던 아들을 되찾은 아버지의 기쁨을 마을 사람 모두와 함께 나눈 것이다.

조금 전까지만 해도 면목없이 고개를 숙인 채 형편없는 거지꼴로 온 둘째 아들이 이제 집주인의 아들로 거듭나 그 집에서 가장 좋은 옷을 입고 좋은 신발을 신고 보석반지를 끼고 아버지가 차려 준 음식을 마음껏 먹을 수 있게 된 것이다. 그는 오랫동안 아버지 곁을 떠나 아버지의 아들인 것을 잊고 살았지만 그가 돌아갈 곳이 아버지라는 것을 알았을 때 아버지가 받아 주기만 하면 아들이 아니라 노예가 되어도 좋다고 생각했다.

그러나 아버지의 생각은 달랐다. 아버지는 아들이 돌아오기만 하면 예전처럼 아버지와 아들로 함께 살기를 원했다. 그리고 아들은 제자리로 돌아왔다. 아들은 자기가 과연 누구인지 정체성이 혼란스러웠다. 본래 아들이었지만 스스로 남이 되었다가 종의 신분이라도 되는 것이 감지덕지했는데, 그런 그가 아버지의 사랑으로 다시 아들의 정체성을 회복한 것이다.

한 가지 문제가 있었다. 아들이 예전에 가졌던 아들로서의 정체성을 완전히 회복하려면 시간이 필요했다. 아버지는 예전과 같이 사랑했지만 탕자는 죄책감과 수치심 때문에 아버지를 대하기가 불편했다. 형도 그렇게 말했다. "아버지의 살림을 창녀들과 함께 삼켜 버린 이 아들이 돌아오매 이를 위하여 살진 송아지를 잡으셨나이다"(눅 15:30). 가족이나 친척 또는 종들 중에도 형처럼 탕자를 정죄하며 수군거린 사람이 더 있었을 것이다. 그러나 둘째 아들이 주목해야 할 사람은 아버지였다. 아들의 정체성을 회복하기 위해 그가 바라볼 대상은 자신의 감정이나 형의 비판이나 사람들의 수군거림이 아니라 그를 여전히 사랑하는 아버지였던 것이다.

우리가 사랑의 하나님을 바라보아야 할 이유가 바로 이것이다.

우리는 조건 없이 아버지와 아들의 관계를 성실하게 지키시는 하나님 아버지를 보고 또 보아야 한다. 하나님은 그분의 절대 주권을 사용하여 마음이 내키는 대로 권력을 남용하며 횡포를 부리는 분이 아니다. 하나님은 우리가 하나님의 자녀로 정체성을 회복하도록 이 순간에도 일하고 계신다. 그러므로 우리는 원래 있었던 자리로 돌아가야 한다. 하나님의 영광을 공유하는 자녀의 자리로, 우리를 더욱 회복시키기 위해 지금도 쉬지 않고 일하시는 하나님 아버지께 돌아가야 한다. 그분이 지금도 "내가 널 사랑한다"라고 말씀하고 계시기 때문이다.

토론 가이드

1. 지금까지 살아오면서 사랑 때문에 행복했던 순간은 언제인가?

2. 신의 사랑을 신뢰하는 것과 개인적으로 자신감을 갖는 것은 어떤 상관이 있는가?

3. 신의 사랑을 신뢰하는 것이 쉽지 않은 이유는 무엇인가?

4. 신은 우리에게 사랑을 주기 위해 어떤 방법을 사용했는가?

2.
사랑의 수고가
깊은 친밀감을 만든다

하나님의 사랑이 삶의 이유가 된 사람은 돈과 명예가 더 이상 중요하지 않다. 그런 것은 헤세드 하나님의 사랑에 비하면 아주 작은 것에 불과하기 때문이다. 이전에는 행복과 불행이 호르몬 변화에 따라 순환 반복되었지만 이제는 변치 않는 하나님의 사랑 때문에 언제나 무조건 행복하다. 신의 목적을 다 이해하지 못해도 영원한 유익이 준비되어 있다는 사실을 믿게 된다. 하나님이 우리를 창조하신 목적이 결국 세상과 바꿀 수 없는 선한 유익이라는 것을 안다.

또한 하나님은 신이기에 언제나 계획이 있으시고 그 계획이 누구에게나 선하고 유익하며 반드시 이루어진다는 것을 확신하게 된다. 따라서 하나님의 사랑을 믿고 피조물로서 내 인생을 하나님께 맡기는 것이 가장 최선임을 더욱 깊이 깨닫는다. 하나님의 사랑이 삶의 이유다. 그 무한 사랑을 위해서는 어떤 수단도 동원할 가치가 있다(마 13장).

문제의 해결책

래리 크랩 박사는《인간 이해와 상담》(두란노, 2011)이라는 책에서 "인간은 누구나 결코 식을 줄 모르는 온전한 사랑, 즉 신의 사랑으로만 채울 수 있는 갈망을 갖고 있다"[13]라고 말한다. 신의 사랑으로 우리 안에 있는 텅 빈 마음을 채워야 한다는 것이다. 신의 존재를 인식하고 신을 숭배해야 할 필요성을 느끼는 종교성의 원인은 사랑이다.

소설과 영화로 나온 〈반지의 제왕〉(The Lord of The Ring)에서 스미골이라는 호빗족 사람이 등장한다. 어느 날 스미골은 친구와 함께 뱃놀이를 하며 낚시를 하던 중 힘이 센 물고기에 끌려 물속에 빠져들어 간 스미골의 친구가 바닥에서 반짝거리는 반지를 발견한다. 그것은 '절대 반지'였다. 스미골은 눈앞에 반짝거리는 절대 반지를 본 순간 강한 탐욕을 느끼고 그것을 차지하기 위해 친구를 죽인다. 그 후 세상의 절대 권력과 부를 의미하는 절대 반지에 중독되어 정신과 육체가 모두 망가져 버린 스미골은 수백 년 동안 동굴 속에서 물고기를 뜯으며 비참하고 고독하게 살아간다. 그의 비참함의 원인은 절대 반지였다. 그것 때문에 증오와 자기혐오와 조현증에 시달렸지만 그는 절대 반지를 자기 인생의 모든 것이라고 믿는 것을 멈추지 않았다. 수백 년간 절대 반지를 움켜쥐고 있는 동안 그는 자신과 세상을 잃었다. 즐기던 빵의 맛도 잊고 자신의 이름조차 기억하지 못하는 괴물이 되었다. 더 이상 스미골이 아니었다. 그는 골룸이었다.

이것은 사는 이유를 엉뚱한 것에 두면 그 종말이 얼마나 비참한

지를 단적으로 보여 주는 이야기다. 왜 사는지, 존재하는 이유가 무엇인지, 인생의 목적이 무엇인지를 묻는다면 이 중대한 질문에 대해 답하기 위해 사랑을 생각해야 한다.

어릴 때 좋아하던 사탕을 어른이 되어도 좋아하는 사람은 많지 않을 것이다. 나이가 들면서 사탕보다 더 좋은 것을 경험하기 때문이다. 우리는 하나님의 사랑을 얻은 후 이전에 좋아하던 싸구려 탐욕 대상에 흥미를 잃는다. 하나님의 사랑을 모르던 시절과 다르다. 어떤 것과도 바꿀 수 없는 소망, 그것은 우리를 창조한 신과 영원히 함께 살 수 있다는 소망이다. 그것은 사람들이 인정해 주는 명예나 돈 또는 자동차나 집이 주는 소망과 비교할 수 없을 만큼 크고 영원하다. 반드시 이루어질 실재적 소망이다. 그러나 하나님의 사랑 없이는 영원한 소망도 없다.

인류 역사상 지혜와 부와 권력을 전무후무하게 크게 누렸던 솔로몬의 고백은 이 세상 어떤 것도 낙이 없다는 것을 알려 준다.

"다윗의 아들 예루살렘 왕 전도자의 말씀이라 전도자가 이르되 헛되고 헛되며 헛되고 헛되니 모든 것이 헛되도다 해 아래에서 수고하는 모든 수고가 사람에게 무엇이 유익한가 한 세대는 가고 한 세대는 오되 땅은 영원히 있도다 해는 뜨고 해는 지되 그 떴던 곳으로 빨리 돌아가고 바람은 남으로 불다가 북으로 돌아가며 이리 돌며 저리 돌아 바람은 그 불던 곳으로 돌아가고 모든 강물은 다 바다로 흐르되 바다를 채우지 못하며 강물은 어느 곳으로 흐르든지 그리로 연하여 흐르느니라 모든 만물이 피곤하다는 것을 사람이 말로 다 말할 수는 없나니 눈은 보아도 족함이 없고 귀는 들어도 가득 차지 아니하도다 이미 있던 것이 후에 다시 있겠고 이미 한 일을 후에 다시 할지라 해 아래에는 새 것이 없나니 무엇을 가리켜 이르기를 보라 이것이 새 것이라 할 것이 있으랴 우리가 있기 오래 전 세대들에도 이미 있었느니라 이전 세대들이 기억됨이 없으니 장래 세대도 그 후 세대들과 함께 기억됨이 없으리라 나 전도자는 예루살렘에서 이스라엘 왕이 되어 마음을 다하며 지혜를 써서 하늘 아래에서 행하는 모든 일을 연구하며 살핀즉 이는 괴로운 것이니 하나님이 인생들에게 주사 수고하게 하신 것이라 내가 해 아래에서 행하는 모든 일을 보았노라 보라 모두 다 헛되어 바람을 잡으려는 것이로다 구부러진 것도 곧게 할 수 없고 모자란 것도 셀 수 없도다 내가 내 마음 속으로 말하여 이르기를 보라 내가 크게 되고 지혜를 더 많이 얻었으므로 나보다 먼저 예루살렘에 있던 모든 사람들보다 낫다 하였나니 내 마음이 지혜와 지식을 많이 만나 보았음이로다 내가 다시 지혜를 알고자 하며 미친 것들과 미련한 것들을 알고자 하여 마음을 썼으나 이것도 바람을 잡으려는 것인 줄을 깨달았도다 지혜가 많으면 번뇌도 많으니 지식을 더하는 자는 근심을 더하느니라"(전 1장).

이 세상에서 희망을 준다고 기대하는 것들이 있다. 명예와 권력, 자녀가 잘되고 직장에서 진급하는 것도 희망이다. 좋은 집을 장만

하고 평생 먹고살 돈을 은행에 저축해 놓는 것도 희망을 줄 수 있다. 그러나 그중 어느 것도 걱정 없이 희망을 충분히 줄 수 있는 것은 없다. 그것을 부자나 사회 권력자들의 말로를 보며 확인할 수 있다. 하지만 사랑은 무너진 희망을 되찾을 수 있게 한다. 힘겨운 세상을 기쁘게 살아갈 수 있게 하는 힘은 하나님의 사랑이다. 비천한 환경에서 만족을 얻게 할 수 있는 힘도 하나님의 사랑이다. 마음의 상처 때문에 미움과 증오를 품은 사람이 마음의 자유를 얻게 만드는 것도 하나님의 사랑인 것이다.

사랑은 존재 의미와 긴밀하게 연결되어 있다. 우리가 참된 사랑을 마음 깊이 느낄수록 우리 존재의 본질이 사랑이라는 것을 더욱 깊이 이해하게 된다. 사랑이 없는 사람은 '빈 마음'(emptiness)이라는 영혼의 갈증 때문에 고통을 겪는다. 사랑 없이는 그 어떤 사람도 자기 존재를 가치 있다고 느낄 수 없다. 이것은 지울 수 없는 끔찍한 두려움이며 밤낮 뒤를 따라다니는 어두운 그림자와 같다. 존재 가치를 느끼지 못하고 생존 위기를 느끼게 한다. 육체의 죽음보다 더 두려운 것이 영혼의 죽음이다. 그리고 이 죽음의 그림자를 떼어 버리는 유일한 방법은 사랑이다.

"사느냐 죽느냐 그것이 문제로다." 셰익스피어의 거작 《햄릿》에 나오는 주인공의 독백 대사다. 햄릿 왕자는 아버지를 독살하고 왕이 된 숙부에게 복수할 것인지, 말 것인지 인생의 기로에 선다. 쉽게 벗어날 수 없는 가혹한 현실을 참고 견딜지, 아니면 왕을 죽이고 자신도 죽음으로 이 모든 고통을 끝낼지 고뇌한다.

햄릿의 눈에 비친 세상은 타인을 끔찍하게 비난하고 권력의 거대한 횡포와 교만한 자의 모욕이 가득해 사랑 따위는 철저히 무시하는 악이 판치는 곳이었다. 그래서 그는 불공정한 법으로 착한 사람이 손해 보는 세상에서 악이 주는 고통을 견디며 사는 것보다 차라리 죽는 편이 낫지 않을까 비관한 것이다. 고통을 피하기 위해 죽음을 택하는 것도 생각했지만 죽음 후에 훨씬 더 끔찍한 고통이 기다릴 수 있기 때문에 그것도 참으로 어려웠다. 그런데 그가 세상을 그렇게 끔찍한 고통이 지배하는 곳으로 여기게 된 것은 가해자에 대한 증오와 분노 때문이었다.

사랑이 삶의 이유가 되면 영원한 생명의 빛을 추구하게 된다. 사랑만이 우리의 '온전함'을 이룰 수 있다. 온전함은 인간으로서 존엄한 자의 됨됨이를 갖춘 상태를 말한다. 온전함의 첫 단추는 자신이 하나님의 소유임을 인정하는 것이다. 신의 사랑을 신뢰하는 사람은 자기를 신의 소유로 드린다. 이것이 온전함에 대한 열망의 시작이다.

신의 부재는 끔찍하지만 인간은 그 끔찍함을 자주 잊는다. 신과 함께 살지 않으면 스스로 위대해질 수 있다는 오해 때문이다. 우리는 스스로 신이 될 수 있다는 착각 때문에 신을 부정하려 한다. 그러나 신이 함께하지 않으면 인간은 결코 신처럼 영광스런 존재가 될 수 없다. 인간은 자기 대신 신을 선택해야 한다. '나'를 선택하기 위해 신을 버리는 것은 스스로 영원한 암흑으로 빠뜨리는 자기 파괴다. 이와 반대로 신을 선택하기 위해 나를 버리는 것은 영원한 빛 가운데로 들어가는 생명의 선택이다.

> "무릇 자기 목숨을 보전하고자 하는 자는 잃을 것이요 잃는 자는 살리리라"(눅 17:33).

존엄성을 지키고 강화하는 유일한 길은 우리 자신을 하나님의 소유로 드리는 것밖에 없다. 신을 위해 다른 모든 것을 두 번째로 여기며 사는 것이다. 신을 가장 소중하게 여기면 타인도 소중하게 여기게 된다. 신을 경험하면 무엇이 정말 가치 있고 중요한지 알게 되며 더 중요한 것을 위해 덜 중요한 것을 사용하는 내면의 질서를 경험하게 된다. 온전함은 이 가치의 질서에서 시작된다. 이 절대 질서를 깨면 파멸에 이른다. 돈이나 일 때문에 가족을 희생하고 도박과 술이 좋아 모든 소유를 팔아 버리는 어리석음을 범한다.

'영원한 멸망이냐, 아니면 영원한 생명이냐'는 절대적 가치 질서를 지키며 사는지에 달려 있다. 하지만 절대적 가치 질서를 지키며 사는 것은 쉬운 일이 아니다. 신의 사랑을 의존해야 한다. 하나님의 아들 예수 그리스도를 신의 사랑의 증표로 믿어야 하는 것이다. 신이 '나'를 죽기까지 사랑한 증표인 예수 그리스도를 소중히 여기면 그 순간 절대 질서 안으로 들어간다. 온전함을 향한 시작이 예수 그리스도인 것이다(행 16:31).

두려움 때문에

신을 가장 소중하게 여기는 이 절대 질서는 두려움을 없앤다. 사랑을 위해 사는 사람은 그 어떤 것도 두려워하지 않는다. 그렇게 하나님과 함께 사는 사람은 남에게 보이는 것보다 자기 내면의 열정에 주목한다. 하나님이 원하는 것을 선택하기 때문에 주위 사람들을 사랑하게 된다. 뿌리가 나무의 질을 바꾸듯 하나님을 뿌리로 삼은 사람은 사랑이라는 최고의 열매를 맺는다(갈 5:22-23).

그래서 하나님과 정직하게 이야기하고 타인과도 진솔한 대화를 할 수 있다. 하나님을 사랑하는 기쁨 때문에 타인에게 기쁨을 전염시킨다. 하나님과 평화롭기 때문에 만나는 사람들과 다툴 여지가 없다. 하나님이 자기를 창조하신 분이라는 것을 믿기 때문에 스트레스를 이길 힘이 있고 힘든 상황을 인내할 수 있다. 하나님의 큰 도움을 경험하기 때문에 타인에게 자비를 베풀 여유가 있다. 하나님이 삶의 기준이기 때문에 법 없이도 살 수 있는 선인이 된다. 하나님이 세우신 권위자들을 존경한다. 넉넉한 하나님께 모든 것을 맡길 수 있기 때문에 온유한 사람이 된다. 하나님이 영적인 통제를 해주시기 때문에 삶의 습관을 비교적 쉽게 통제할 수 있다. 이처럼 겸손과 온유를 겸비한 사람은 어떤 상황에서도 존재 가치가 상승하고 주위 사람들도 존중하는 천국의 삶을 산다. 세상에 미워하는 사람도 없고 부러운 사람도 없는 온전한 인생이 되어 가는 것이다.

증오와 분노 같은 부정적인 감정은 세상을 바라보는 마음의 눈에 검고 어두운 색안경을 끼게 한다. 그래서 세상을 신뢰할 만한 곳이 아니라 추악한 사람들이 자신의 이기적인 목적을 이루기 위해 남을 속이는 곳일 뿐이라고 여긴다. 속고 속이는 세상에서 살아남기 위해 누구도 믿어서는 안 되며 속는 '바보'가 되기 전에 먼저 남을 속이며 산다.

타인의 좋은 의도까지 의심하면서 정상적으로 사회생활을 하지 못할 정도가 되면 편집증 환자다. 편집증 환자의 목적은 한 가지다. 남에게 속지 않는 것이다. 속을까 봐 친구를 사귀지 않고 모임에 나가서 사람들에게 속느니 차라리 혼자 사는 쪽을 택한다. 다시는 속지 않으리라 다짐하며 삶의 '안전지대'(safe zone) 밖으로 나가지 않는다. 몸은 군중 속에 있지만 마음은 여전히 안전지대를 벗어나지 않는 경우도 많다. 적대감 때문에 누구를 만나도 마음에 있는 감정과 욕구를 타인에게 표현하지 않는다. 이유 없이 마음속으로 상대방을 비난하고 의심하며 입으로는 마음에 없는 거짓말을 내뱉는 사람이 된다.

이 상태가 심화되면 반사회성 인격장애(Antisocial Personality Disorder)로 발전한다. 타인에게 쉽게 적대감을 갖고 자기를 꾸미고 남을 속이며 때로는 드러나거나 드러나지 않게 사회 규범을 어긴다. 내가 피해를 입지 않기 위해 남에게 피해를 입히는 반사회성도 편집증처럼 남에게 상처받을지 모른다는 두려움에서 벗어나려는 몸부림이다. 또 몸과 마음 모두 심리적 안전지대를 벗어나지 못하는 불안의 문제가 심각해지면 광장공포증이 나타난다.

광장공포증은 어떤 특정한 장소에 있으면 극도의 불안감을 느끼는 것이다. 집 밖에 혼자 있는 것이 죽기보다 싫어서 집 밖으로 한 걸음도 나가지 못하고 집 안에서 수십 년을 사는 사람도 있다. 전문가들은 이런 공포증은 어릴 때 학교에 가기 위해 엄마와 떨어져야 하는 상황을 심리적으로 잘 극복하지 못하거나 여러 가지 이유로 애정 결핍을 경험했기 때문이라고 말한다. 또한 성폭력과 같은 심한 충격과 고통을 겪었던 장소를 각인하고 그 장소와 비슷하거나 같은 장소에 근접할 경우 심한 공포감을 느낄 수 있다고 한다.

누구든지 과거의 끔찍했던 기억이 되살아나는 것을 좋아할 사람은 없다. '트라우마'라고 불리는 이 문제는 신체적·정신적 피해 때문에 스트레스를 경험하는 외상 후 스트레스 장애(PTSD: Post Traumatic Stress Disorder)다. 무서운 위협에 해당하는 정신적 학대나 성폭력을 포함한 신체적 폭력을 직접적이거나 간접적으로 경험한 후 불안해하는 정서적 문제다. 예를 들어 성추행을 당한 여성은 가해자나 피해 장소에서 맡았던 냄새가 자주 기억나고 그와 비슷한 냄새를 우연히 맡으면 갑자기 심장이 뛰고 식은땀이 나면서 급히 그 자리를 벗어나려고 한다. 결혼 후 사랑하는 남편과도 신체적 접촉이 두려워 잠자리를 함께할 수 없는 경우도 있다.

다른 예로 어릴 때 가정에서 아버지의 폭력을 경험한 사람은 이후 사회 권위자들을 신뢰하기가 쉽지 않다. 가정 폭력의 결과로 자녀들은 선생님, 교회 목사님, 정부기관 직원, 직장 상사, 나이 많은 어른들에게 납득할 만한 이유 없이 불편한 감정을 갖게 된다. 이렇게 권위자에 대한 불신도 문제지만 가정 폭력의 피해자 자신도 폭력적으로 변하거나 반대로 인간관계에서 갈등 자체를 회피하려는 비현실적인 이상주의자가 되는 것도 큰 문제다. 폭력을 경험한 가족 구성원이 받는 정신적 고통에 대해 아무런 조치가 없으면 어린 자녀는 평생 무거운 마음의 짐을 어깨에 지고 살아야 한다. 가정은 원래 아이가 성인으로 자라서 험한 세상을 극복하며 꿈을 이루어가도록 성장 모판이 되어야 한다. 그런데 정서적 학대의 현장이 되고 있으니 너무나 가슴 아픈 일이다.

정서적 고통을 해결받지 못한 채 불안과 두려움을 안고 사는 사람들은 과거의 경험이 현재의 삶을 지배하는 불행한 인생을 산다. 가해자를 미워하지 않으려 하지만 뇌는 자동적으로 미운 감정을 일으킨다. 마치 프로그램이 되어 있는 기계처럼 뇌는 조건만 맞으면 자동적으로 기억의 기능을 작동하는 것이다.

찰흙 덩어리를 주먹으로 치면 자국이 남듯이 어떤 충격이나 경험은 뇌의 회로판을 순간적으로 변형시킨다. 변형된 회로는 그 충격을 다시 겪지 않으려고 무기한 경계 알람 시스템을 켠다. 그 후 그 시스템은 충격을 준 경험과 같거나 유사한 상황에 가까워질 가능성만 있으면 알람을 강하게 울린다. 그 즉시 출동하는 스트레스 호르몬은 근육을 긴장하게 하고 심장을 빠르게 뛰게 한다. 뇌의 편도체는 두려움을 느끼게 하며 몸과 마음을 대단히 불편하게 해서 다시 그때 그 상황으로 돌아가지 않게 막는 작업을 한다.

여기에 문제가 있다. 정말 위험한 상황이면 방어 태세를 갖추는 것이 필요하지만 실상 위험하지 않은 상황임에도 공포를 느끼는 것은 현실에 대한 왜곡일 뿐이다. 쉬운 예로 영어를 못하는 한국인이 미국인 앞에서 공포를 느끼는 것은 비정상이다. 의사소통이 목적이지 미국인처럼 영어 실력을 뽐내는 것이 목적이 아니기 때문이다. 한국어를 못하는 미국인이 한국인 앞에서 더듬거리며 말도 안 되게 한국어로 말하면 귀엽다. 반대로 영어를 잘 못하는 한국인도 귀여울 수 있다.

지방 대학교 출신이 일류 대학 출신 앞에서 주눅이 드는 것도 비정상이다. 학교 공부 성적이 좋지 않았다고 해서 사람의 됨됨이도 형편없을 거라는 생각은 도대체 어디서 온 생각인지 따져 보아야 한다. 무대 공포증도 마찬가지다. 사람들 앞에서 말할 때 긴장하는 것도 뇌가 상황을 잘못 이해한 결과다. '말을 잘 못하는 어눌한 사람은 무가치한 존재다'라는 잘못된 생각이 만들어 낸 이상한 현상이다. 훌륭한 사람이 되려면 타인의 인정을 받아야 한다는 생각도 이상하다. 현실에서 일어나고 있는 사실보다 뇌의 편도체를 더 믿고 있는 것이다. 그때 두려운 반응을 보이는 편도체를 통제할 수 있는 전두엽이 나서야 한다. 전두엽은 지금 상황이 정말 피해를 입을 만한 상황인지 아닌지 판단하고 편도체를 통제함으로써 두려움을 완화할 수 있다. 전두엽이 판단 기능을 하지 않으면 결국 두려움의 노예가 될 것이다.

과거의 질긴 끈이 현재와 연결되어 두려움의 노예로 사는 사람은 평안하기 어렵다. 죽기보다 싫은 그 경험을 다시 겪을 수 있다는 두려움이 문제다. 다시는 그 경험을 하지 않으리라는 생각을 마음에 품고 거기에 점점 더 많은 힘을 부여하여 그것을 사는 이유로 삼게 된다. 그 두려움을 다시 경험하지 않을 수 있다면 수단과 방법을 가리지 않고 무엇이든 하겠다는 마음으로 사는 것이다.

두려움은 인생 전체를 통제할 만한 강력하고 거대한 힘을 갖고 있다. 암세포처럼 인생을 조금씩 좀먹으며 결국 완전한 파멸로 몰아간다. 사기를 당해 큰 손해를 본 사람이 '다시는 바보같이 사기를 당하지 않으리라! 돈이 나갈 때는 철저히 확인하고 다른 사람이 손해를 볼지언정 나는 반드시 이득을 보리라!'고 다짐하며 산다면 그것은 그 사람에게 사는 이유다.

구두쇠처럼 재산을 모아서 사람들에게 존중을 받고 주위에 사람들이 모이는 것을 보면 역시 돈이 좋다고 생각할 수 있다. 심지어 주위 사람들이 떠나도 좋으니 돈만 있으면 좋겠다고 생각할 수도 있다. 그러나 인생의 주인공이 돈이 되면 누구도 말릴 수 없는 구두쇠가 된다. 그러나 가지면 가질수록 가진 것을 잃을까 봐 두려워하던 구두쇠는 어느 날 주위에 따뜻한 대화를 나눌 친구 하나 없다는 것을 느끼고 후회해도 소용없었다.

두려움이라는 거대한 검은 커튼에 가려져 인격의 귀중한 가치를 보지 못하는 인생은 결국 싸구려로 전락하고 만다. 두려움에 사로잡힌 사람은 고집을 부리는 것 외에 아무것도 할 수 없다. 두려움이 움직이는 인생은 가짜 휘발유를 넣고 처음에는 잘 움직이는 것 같지만 얼마 후에 고장나서 서 버릴 자동차와 같다. 소망의 불꽃이 꺼진 고장난 인생은 의미를 상실한 채 비존재가 되어 간다. 그리고 두려움의 결과는 영원한 사망이다.

다행히 두려움을 다루는 방법이 있다. 마음에서 두려움을 내어쫓는 방법은 사랑이다(요일 4장). 어두움을 없애기 위해 빛을 비추는 방식과 같다. 양동이로 물을 퍼내듯이 마음에 두려움을 퍼낼 수는 없지만 사랑으로 두려움을 몰아내는 것이다. 두려움의 노예로 살지 않기 위해 사랑의 희망을 가져야 한다. 사랑은 두려움을 내쫓는다는 것이 희망이다. 두려움을 줄이거나 없애기 위해 신경정신과에서 우울증 약을 처방받으면 일시적인 효과가 있지만 사랑은 다르다. 사랑이 있으면 고된 인생을 살며 고통을 조금이라도 잊기 위해 술에 취할 필요가 없다. 두려움 때문에 살고 두려움의 종이었던 사람이 사랑 때문에 사는 사람으로 바뀌는 것이다. 이 둘은 하늘과 땅의 차이며 극과 극이다. 이 변화는 사랑의 힘이 아니면 불가능하다.

우리는 사랑하는 사람을 잃거나, 믿었던 사람에게 배신을 당하거나, 사기든 실수든 재산을 잃고 신용불량자가 되거나, 이유 없이 사람들의 비난을 받거나, 사회적 신분이나 피부색 때문에 차별과

멸시를 당하거나, 사람이든 돈이든 권력이든 명예든 무언가를 잃을 때 고통을 겪는다. 심한 경우 몸은 있지만 나 자신은 없는 것처럼 고통스런 현실을 부정하려 한다. 있지만 없는 것같이 누구도 거들떠보지 않는 투명 인간이 되어 버린 위기 상황에서 두려움을 느낀다. 피곤한 것 같지만 피곤하지 않고, 눈을 감지만 눈을 뜨고 있는 것 같고, 잠든 것 같지만 깨어 있는, 매일 긴 백야를 경험하며 끔찍한 비존재감에 시달린다. 마치 내가 나 자신이 아닌 것처럼 느끼는 거대한 불행과 소망 없는 무기력의 극치를 경험하는 것이다.

아담은 가장 큰 상실을 경험한 사람일 것이다. 그는 한때 이 세상 모든 것을 소유했지만 단 한 번의 실수로 모든 것을 잃었다. 몸은 살아 있어도 마음은 이미 죽은 것과 같았다. 몸이 죽는 것보다 영혼의 사망이 더 끔찍했다. 그는 더 이상 살 소망이 없었다. 그에게 마지막 남은 것은 얼마 후 흙으로 돌아갈 몸뿐이었다. 그는 다가올 죽음의 운명 앞에서 처절하게 후회했을 것이다.

그러나 그때, 그가 돌이킬 수 없는 절망의 끝자락에 서 있을 때 기적이 일어났다. 하나님은 아담에게 '수고'(labor)라는 이름의 도구를 부여하셨다. 수고가 주는 소망은 이전에 가졌던 소망과 차원이 달랐지만 그것이라도 괜찮았다. 그것도 소망이고 반드시 죽게 된 무의미한 인생에 단비 같은 낙이었다. 그렇게 수고는 살아갈 이유와 의미를 부여했다.

가치를 되찾는 방법

신은 인간에게 단순히 육신의 생명 유지 방식으로 수고하여 먹고살 방법을 알려준 것이 아니었다. 인격체로서 존엄성을 유지하는 방식도 포함되어 있었다. 신은 아담에게 '신처럼' 이 세상을 다스릴 권한을 부여했다. 한 나라의 왕이 되는 것도 큰 명예인데 이 세상 전체를 다스릴 권한을 갖게 된 것은 말할 것도 없이 엄청난 영예였다. 인간은 아무리 노력해도 신이 될 수 없지만 우리가 신을 닮은 엄청난 존재임은 틀림없다.

신이 인간을 자신을 닮은 인격체로 만든 이유는 사랑이었다. 사랑은 존중을 전제한다. 바로 신이 인간을 존중했다는 이야기다. 조물주가 피조물을 존중한다는 것은 엄청난 신분 초월을 의미한다. 피조물인 아담은 신이 인간을 존중하는 신분 초월을 이용하여 자신도 신이 되는 신분 초월을 시도했다. 하나님은 아담을 존중했지만 아담은 하나님을 존중하지 않은 것이다.

신과 인간의 관계는 그렇게 깨졌고 아담은 하나님이 더 이상 자기를 사랑하지 않을 것이라고 믿었다. 이 모든 변화가 아담의 편에서 일어났다. 마음에 하나님을 잃은 아담은 수치심과 공허함의 늪에 깊이 빠졌다. 그는 신을 닮은 존엄한 존재가 아니라 무가치한 비존재로 전락했다. 그러나 도무지 사랑을 멈추지 못하시는 하나님은 아담에게 살 소망을 부여하셨다. 아담이 수고를 통해 여전히 존중받을 수 있는 존재임을 깨닫게 하셨다. 신과 인간의 사랑의 관계가 깨진 상황에서 수고는 아담에게 최고의 해결책이었다.

그러나 우리는 수고보다 수고가 주는 보상에 관심을 갖는 경향이 있다. 인내하며 기다린 수고의 열매는 소비하면 없어지므로 일해서 돈을 벌고 돈을 벌기 위해 계속 일하는 수고를 해야 한다. 따라서 수고를 통해 사는 의미를 느끼기 위해서는 돈이 아니라 사랑을 위해 수고해야 한다. 수고가 아담에게 살 소망을 주었던 이유는 수고라는 응급 처치가 하나님으로부터 왔기 때문이다. 그 소망은 아담이 스스로 만든 것이 아니었다. 대신 하나님이 주신 소명(calling)이기에 아담의 인생을 의미 있게 회복한 것이다. 아담은 종일 땅을 경작하여 그 땅에서 나는 소산물로 살았다. 이전에는 수고 없이도 먹고살 수 있었지만 이제 수고를 해야 겨우 살아갈 수 있는 상황으로 바뀐 것이다. 하지만 수고에 대한 하나님의 의도는 먹고 사는 것에만 있지 않았다. 하나님의 사랑의 끈을 놓지 않게 하려는 소명도 있었다.

삶의 의미를 갖게 하는 수고는 우리가 무슨 일을 하든지 마음을 다해서 성실하게 사람에게 하듯 하지 말고 우리의 인생을 만든 창조자 하나님께 하듯 하는 것이다(골 3:23-24). 아담이 이전에 수고하지 않고 먹은 음식도 하나님으로부터 왔고 타락 후 먹고살기 위해 해야 할 소명도 하나님으로부터 왔다는 점에 주목해야 한다. 즉 인간을 만든 신이 주는 것으로부터 살 이유와 소망과 낙이 생긴다는 것이다. 하나님 없이는 아무 의미가 없다. 하나님이 인생의 모든 것이라 해도 과언이 아니다. 인생의 발생도 하나님이며 삶의 이유와 목적도 하나님이다.

신의 사랑을 한 번이라도 경험한 사람은 이 세상 그 어떤 것도 사랑만큼 행복하게 해주는 것이 없다는 것을 알게 된다. 영적인 세계에 대한 눈이 열리고 물질세계가 전부가 아니라는 것을 알게 된다. 유한한 물질세계에 생각을 한정해 두었던 사람이 영원한 영적 세계에 대해 시야가 열리며 가치관이 급변하는 것이다. 이 변화를 경험하면 양심을 속이며 살기가 어려워진다. 신의 존재를 경험했기 때문에 주차장에서 운전하다가 실수로 남의 차에 흠집을 냈을 때 아무리 보는 사람이 없어도 용기를 내어 정직하게 차 주인에게 연락해서 피해를 보상해 줄 것이다.

'코람데오'(Coram Deo)라는 말이 있다. 이것은 언제나 하나님 앞에 서 있는 삶을 의미한다. 코람데오의 마음은 쇼핑몰에서 물건을 구입하고 나왔는데 직원의 실수로 영수증에 찍히지 않은 물건을 발견할 때, 그 물건을 돌려주기 위해 즉시 돌아갈 수 있는 정직과 성실을 향한 의지다. 주위에 아무도 없어도 신이 원하는 것을 매순간 선택한다. 성적 유혹을 받을 때 그것을 뿌리치고 그 자리를 뛰쳐나올 수 있는 것이 코람데오다. 학생이 시험을 잘 보기 위해 부정행위를 하는 대신 아는 만큼만 점수를 받기를 각오하는 것이 코람데오다. 인생이라는 무대에 있는 나를 관중석에서 바라보고 있는 신을 의식하는 것이 바로 코람데오인 것이다.

코람데오의 삶을 살 수 있는 힘은 하나님의 사랑이다. 필요 이상의 음식 소비를 줄이고 필요 이상의 집이나 차 등의 재산을 추구하지 않으려는 건전함도 바로 하나님의 사랑을 믿는 믿음에서 나오는 온전함이다. 편하고 안락한 수면을 취하되 필요 이상의 수면 시간을 자기 계발과 작은 봉사의 시간으로 사용하려는 노력도 코람데오를 따르는 모습이다.

창조주를 사랑하는 것은 종교와 다르다. 종교는 인간이 자기가 원하는 신의 모습을 만들고 그 신을 이용하는 이기적 행위에 불과하다. 자신의 이익을 위해 신을 이용하는 인간의 사악함을 가려 주는 도구이기도 하다.

볼런티어리즘(voluntarisom)이라는 말이 있다. 자원봉사자를 뜻하는 'volunteer'와 관광을 뜻하는 'tourism'이 합쳐져 만들어진 신조어이다. 하루 숙박료가 50만 원 이상 하는 호텔에 머물며 주변 빈민가에서 불우이웃을 돕는 봉사를 하는 관광 상품이 있었다. 밤에는 호화로운 VIP 대접을 받고 낮에는 지역을 위해 봉사를 하는 관광 코스인데, 한 기자가 이 관광 상품을 이용하는 사람들의 마음을 분석했다. 그들은 호화로운 대접을 받는 것을 추구하면서도 사치가 주는 죄책감에서 자유로워지기 위해 봉사 활동을 한다는 것이다. 그리고 호텔이 이러한 심리를 탁월하게 적용시킨 것이다.

흥미롭게도 이런 모습은 현재만 관찰되는 일시적인 것이 아니라 형태는 다르지만 인류 역사와 함께해 온 종교적 현상이다. 사회봉

사는 이타적인 활동이다. 하지만 그것이 자발적이지 않으면 이타적이라 할 수 없다. 자발적일 때만 이타적이며 이타적인 마음이 있을 때만 자발적으로 남을 도울 수 있다. 겉으로는 타인을 돕는 봉사 행위를 해도 사실은 이타적이지 않을 수 있는 것이다. 봉사는 하되 이타적이지 않거나 자발적이지 않은 것은 종교 행위일 뿐이다.

우리가 원하는 것은 실존하는 것이다. 비존재가 아니라 실제 존재하는 인격으로 존재하는 것이 우리의 소원이다. 우리는 무시당하고 무의미한 인생이 아니라 참된 의미가 있는 인생이기를 원한다. 그렇게 실재하는 인격이 되려면 살아 있는 신의 존재를 인식해야 한다. 오스 기니스는 《소명》(IVP, 2014)에서 "우리의 자발성은 하나님이 나를 취하시도록 사용하는 용도"[14]라고 말한다. 우리는 모두 창조신이 있어야 할 삶의 위치에 하나님이 있도록 우리의 판결권을 자발적으로 하나님께 반납해야 한다. 이것은 어렵지만 내가 만든 신이 아니라 내가 있기 전에 이미 존재한 신이 나를 지극히 사랑하고 있다는 것을 믿으면 가능하다.

신의 사랑을 신뢰하면 두려움의 굴레에서 벗어난다. 가진 것을 잃지 않거나 갖고 싶은 것을 갖지 못할 수 있다는 두려움에서 벗어나 하나님을 마음과 목숨과 뜻을 다해 사랑하려고 최선을 다하는 것이다. 사람에게 거절당할까 봐 두려워하기보다 이웃을 사랑하려는 노력은 인생을 더욱 의미 있고 힘이 나게 한다. 그리고 수고는 우리를 신의 창조 사역에 동참하게 하고 우리가 존엄한 인격체라는 것을 확인시켜 준다.

요리사는 맛있는 음식을 만들면 기분이 좋다. 화가는 예술 작품을 만들고 기뻐한다. 작곡가는 감미로운 음악을 만들며 행복해한다. 어떤 이는 사람의 몸과 마음을 치료하고 또 어떤 이는 학생들을 가르치고 다른 이는 집을 지으며 보람을 느낀다. 수많은 직업이 각각의 기능을 발휘하고 함께 조화를 이루며 서로 섬기는 것은 신의 창조 사역에 동참하는 피조물의 영예다. 수고의 최고 보상은 하나님과 사랑의 관계를 회복하고 그 사랑이 더욱 깊어지는 것이다. 바로 이것이 우리가 궁극적으로 바라는 존엄성의 회복이다.

― 토론 가이드 ―

1. 지금까지 가장 힘들고 고통스러웠던 때는 언제인가?

2. 인간의 고통의 문제를 해결할 수 있는 최선의 방법은 무엇인가?

3. 우리 안에 있는 것 중 신의 사랑을 방해하는 최고의 강적은 무엇인가?

4. 삶의 이유와 가치를 되찾으려면 무엇을 해야 하는가?

3.
사랑할 때 나의 무대가
우리의 무대로 바뀐다

　　만일 사는 이유가 우주의 주인공이 되는 것이라면 우리 삶에 경험하는 고통의 문제는 매우 단편적이고 전혀 정당하지 않은 답으로 가득할 수 있다. 욥을 보면 알 수 있다. 욥은 당대 존경받는 선인으로 지금의 대기업 총수 정도의 부와 명예를 누렸다. 그런데 하루아침에 재산과 가족과 건강을 잃으면서 큰 고통에 빠졌다.

　욥이 극한의 고통을 겪으며 하나님께 곤고한 마음을 토로할 때 친구들이 찾아왔다. 그리고 과연 고통의 원인이 무엇인지에 대해 욥과 친구들은 격론을 벌였다. 욥의 세 친구는 공통적으로 욥이 악을 범했기 때문에 하나님에게 벌을 받았다고 주장했다. 어쩌면 그 주장이 옳지만 그들의 주장 뒤에 '욥, 너만큼 고통을 당하지 않는 우리는 너보다 선한 자들이다'라는 숨은 동기가 문제였다. 그들은 '고통의 원인이 무엇인가?'라는 질문 대신 '이 일을 통해 신이 원하시는 것이 무엇일까?'라는 질문에서 시작해야 했다. 삶의 동기가 바뀌면 질문이 바뀌고 답이 바뀌기 때문이다.

"이같이 한즉 하늘에 계신 너희 아버지의 아들이 되리니 이는 하나님
이 그 해를 악인과 선인에게 비추시며 비를 의로운 자와 불의한 자에
게 내려주심이라"(마 5:45).

주인공으로 사는 것

  나무로 만든 사람들이 사는 마을이 있었다. 그들은 '웸믹'이라고
불렸다. 웸믹들은 금빛이 나는 별표와 잿빛의 점표를 가지고 다니
며 그것을 서로 붙여 주었다. 재주가 뛰어나거나 색이 잘 칠해진 웸
믹에게는 빛나는 별 표를 붙여 주고 나뭇결이 거칠거나 재주가 없
는 웸믹에게는 별 볼 일 없는 점표를 붙여 주었다. 이야기의 주인공
펀치넬로라는 웸믹은 항상 점표만 받았다. 어느 날 펀치넬로는 별
표나 점표가 하나도 없는 루시아를 우연히 만났다. 루시아는 펀치
넬로에게 웸믹을 만드는 엘리 아저씨가 있는 곳을 알려 주었고 펀
치넬로는 엘리 아저씨를 찾아갔다. 어렵게 찾아간 펀치넬로를 엘
리 아저씨는 반갑게 맞이했다. 엘리 아저씨는 펀치넬로에게 표들
이 별표나 점표를 중요하게 생각할 때만 몸에 붙는다는 것을 알려
주었다. 그리고 "나는 너를 만들었고 너는 아주 특별하단다. 나는
결코 좋지 않은 웸믹을 만든 일이 없단다"라고 말했다. 펀치넬로는
아저씨의 집을 나서며 '엘리 아저씨의 말이 맞는지도 몰라' 하며
아저씨의 말을 믿었고 그때 그의 몸에 붙어 있던 점표 하나가 몸에
서 떨어졌다.

이 이야기는 맥스 루케이도의《너는 특별하단다》(고슴도치, 2002)[15]라는 책 내용의 일부다. 남을 평가하기를 좋아하고 칭찬받기를 좋아하는 우리 마음에는 '내가 주연을 할 테니 너는 조연을 해'라는 동기가 있다. 남과 나를 비교해서 내가 항상 우위에 있어야 직성이 풀리는 것이다.

상대적 자존감을 추구하는 '나만 주인공'이라는 생각은 타인을 조작하기 쉽다. 오래전 유대 사회의 주류였던 바리새인들은 그들만 주인공이라고 생각했다. 그러던 어느 날 그들 마음에 이방인도 주인공이 될 수 있다는 생각이 들었고 결국 그 두려움을 느끼게 한 예수님을 십자가에서 죽게 했다. 이렇게 '나만 주인공'이라는 생각은 약육강식의 정글의 법칙을 따르기 때문에 사회적 상승을 위해 수단과 방법을 가리지 않는다.

반면 '나도 주인공'이라는 생각은 타인과 조화를 이룬다. 내가 중요한 만큼 주위 사람들도 모두 VIP다. 자존감의 기준을 신에 두었기 때문이다. 자기와 타인이 모두 이 세상의 주인공이다. 등장인물이 모두 주인공인 연극 무대가 있다면 어떨까? 신비로운 일이다. 그런데 이런 사건이 현실에서 실제로 벌어질 수 있다. 하나님의 사랑을 믿으면 가능하다. 너와 내가 모두 주인공이 되는 신비로운 경험을 하기 위해서는 예수 그리스도가 하나님의 사랑을 확증한다는 사실을 믿어야 한다. 우리 모두가 가지고 있는 자기애성 장애는 하나님의 완전한 처방으로만 치료받을 수 있다.

우리는 신을 닮았기 때문에 사랑을 원한다. 숨은 의도가 문제다. 내가 주인공이고 조연들과 사랑의 관계여야 한다는 조건이다. 이것은 모순이다. 나는 주연이고 너는 조연이면서 순수하게 사랑하자는 의도로는 사랑이 성립되지 않는다. 이렇게 빗나간 사랑의 결과는 언제나 서로 상처를 줄 뿐이다. 부부가 서로 사랑하기를 원하지만 상남자 남편은 아내에게 왕 대접을 받기 원한다. 여성의 권리를 주장하는 아내는 남편의 이기주의를 실시간 감시한다. 하지만 이렇게 해서는 사랑의 관계를 이룰 수 없다.

성경에는 부부가 순수하게 사랑하는 것에 대해 이렇게 나와 있다.

> "그러므로 교회가 그리스도에게 하듯 아내들도 범사에 자기 남편에게 복종할지니라 남편들아 아내 사랑하기를 그리스도께서 교회를 사랑하시고 그 교회를 위하여 자신을 주심 같이 하라…그러나 너희도 각각 자기의 아내 사랑하기를 자신 같이 하고 아내도 자기 남편을 존경하라"(엡 5:24-25, 33).

아내는 남편에게 순종하고 남편은 목숨을 바쳐 아내를 사랑하는 것이 부부가 누리는 사랑의 관계다. 하나님의 사랑을 신뢰하는 사람으로서 아내는 남편에게 복종하고 남편은 아내를 사랑하되 괴롭히지 말아야 한다(골 3:18-19).

부모와 자녀의 관계도 훌륭한 사랑의 관계가 될 수 있다. 성경에는 부모와 자녀의 사랑의 관계에 대해 이렇게 나와 있다.

"자녀들아 모든 일에 부모에게 순종하라 이는 주 안에서 기쁘게 하는 것이니라 아비들아 너희 자녀를 노엽게 하지 말지니 낙심할까 함이라"(골 3:20-21).

부모는 자녀의 감정을 무시하지 말고 존중해야 한다. 자녀가 부모를 순종하는 동시에 부모는 자녀가 낙심하지 않도록 배려해야 한다. 어른이 아이의 감정을 공감해 주는 것처럼 같은 어른끼리도 서로 감정을 존중해 주어야 한다. 상대방이 어떤 감정을 느끼고 무엇을 원하는지 배려해 주는 것은 사랑의 관계를 세우는 기본이다.

직장에서 만나는 상사에게 부하 직원이 어떻게 해야 사랑의 관계를 이룰 수 있는지 성경에는 이렇게 나와 있다.

"종들아 모든 일에 육신의 상전들에게 순종하되 사람을 기쁘게 하는 자와 같이 눈가림만 하지 말고 오직 주를 두려워하여 성실한 마음으로 하라 무슨 일을 하든지 마음을 다하여 주께 하듯 하고 사람에게 하듯 하지 말라"(골 3:22-23).

말씀에 "성실"이라는 단어가 나오는데, 성실하다는 것은 누가 보든, 보지 않든 항상 선하게 행동하는 것을 말한다. 성실은 하나님의 사랑의 속성 중 하나다. 하나님의 사랑은 일관성 있는 무조건적인 사랑이다. 하나님은 사랑이시기 때문에(요일 4장) 언제나 변함없이, 상황과 상관없이 일관성 있게 사랑하신다. 이 사랑을 받아들인 인간은 하나님의 사랑을 닮은 사랑을 할 수 있다. 하나님의 사랑만이 나만 주인공으로 살고 싶은 강렬하고 허황된 욕심을 버릴 수 있는 유일한 방법이다. 결국 가정과 직장 등 사회에서 맺는 여러 인간관계를 건강하게 세워 나가는 길은 그리스도의 십자가로 증거된 하나님의 사랑이다.

기독교 상담학자인 존스와 버트만은 정신역동 심리치료를 기독교 관점으로 비평하면서 "정신역동 심리학자들이 말하는 인간이 갖는 인간관계에 대한 욕구를 하나님의 형상의 일부로 이해할 수 있다"[16] 라고 주장했다.이 말은 곧 하나님의 형상을 닮았다는 것으로 인간관계에 대한 욕구를 설명할 수 있다는 것이다. 인간관계에 대한 욕구는 너와 내가 함께 주인공으로 연합하는 공동체에 속하고 싶어 하는 마음이다. 우리는 '다 함께 주인공인 공동체'를 원한다. 하나님을 닮았기 때문이다. 그런데 사랑이 없으면 함께 주인공으로 살기 어렵다.

주인공 역할의 부작용

사랑이 없는 결과는 세 가지로 나타난다. 부딪히기 싫어서 홀로 살거나 남을 정복하려는 목적으로 사회생활을 하거나 다른 사람의 목적을 성취해 주려고 맹목적인 희생을 하며 사는 것, 셋 중 하나다. 예를 들어 마르크스 공산주의의 목적은 평등을 강조하는 것이었지만 역사는 사랑이 부재한 평등이란 없다는 것을 증명해 주었다. 하나님의 사랑을 모르는 공동체는 결국 소수의 주인공이 나머지 다수를 조연 삼아 체제를 유지하는 이기심의 산물일 뿐이다.

인간은 타인에게 가치 있는 존재로 대우받기를 원한다. 무가치한 존재로 푸대접받기를 원하는 인간은 아무도 없다. 갓난아기가 젖을 주거나 놀아 주지 않으면 싫어하는 것을 볼 때 존중받기를 원하는 마음은 타고난 문제임을 알 수 있다. 우리는 내가 원하는 것에 남들이 관심을 갖기를 원한다. 누구나 이 세상에 '필요한 존재'가 되기를 원한다. 가정에서 아버지는 존경받는 가장, 어머니는 가족이 중요하게 여기는 존재가 될 때 행복하다. 자녀들은 부모에게 인정받는 순간 자신의 존재 가치를 느낀다. 회사원은 직장에서 없어서는 안 될 중요한 역할을 해낼 때 보람을 느낀다. 그런데 주의할 점이 있다. 타인의 평가에 과하게 귀를 기울이면 자기의 일에 온전히 집중을 할 수 없다는 것이다.

무대의 주인공인 가수는 노래를 즐기는 사람이다. 노래하는 것이 즐거워서 노래했고 그만큼 실력도 남다르다. 그런데 사람들의 칭송을 받고 유명해진 순간 가수 앞에는 두 가지 선택 사항이 놓인다. 노래를 택할 것인가, 아니면 칭찬을 택할 것인가? 다시 말해 음악과 하나가 될 것인지, 아니면 사람들과 합일을 이룰 것인지 선택하는 것이다.

그때 후자를 택할 경우 가수는 두 가지 감정을 강렬히 느낀다. 하나는 대중과 분리된 특별한 존재라는 자부심이고 다른 하나는 사람들과 분리되었기 때문에 느끼는 고독감이다. 특권을 갖기는 하지만 고독한 무대 위의 주인공은 사이비 사랑이라는 덫에 걸린 상태다.

에리히 프롬은 《사랑의 기술》(문예출판사, 2006)에서 "인간적인 합일을 이루는 것은 사랑과 다르다"[17]고 말한다. 다른 사람과 동일해지거나 합일하는 것은 사랑이 아니다. 대중의 칭찬 속에는 '나와 당신은 하나입니다'라는 달콤한 메시지가 포함되어 있는데 이것을 신뢰하는 것은 몹시 위험하다. 가수가 이런 팬의 구애를 추구하기 시작하면 그의 생산적 창조 작업을 확인시켜 주는 가수라는 실존이 무너진다. 이렇게 되면 가수는 얼마 후 노래가 주는 기쁨을 상실하게 된다.

휘트니 휴스턴이나 마이클 잭슨과 같은 세계적으로 유명한 가수는 누구도 따라갈 수 없는 멋있고 아름다운 음악을 선보였고 많은 사람들에게 사랑을 받았다. 하지만 안타깝게도 그들은 결국 외롭게 삶을 마감했다. 완벽하지 않은 인간이 완벽에 가까운 음악 능력을 가지고 사는 것이 쉬운 일은 아니었을 것이다. 그들의 음악은 사람들을 감동시키는 최고의 음악이었다. 그들을 통해 영원한 곳으로부터 온 천상의 음악이 울려 퍼질 때 듣는 사람들은 신비함을 느꼈다. 그들의 목소리는 그만큼 전 세계에 감동을 주었다.

유명 음악인도 처음에는 음악에 대한 열정에서 시작한다. 그저 음악 때문에 행복하다. 악상이 떠오르고 가사와 댄스를 붙이면 완벽한 작품이 탄생하는 감격을 경험한다. 사람들이 노래에 열광하며 수많은 음반이 팔리고 공연에 줄을 서서 입장하는 모습에 감탄한다. 가수로서 부와 명예를 얻고 그렇게 오래오래 행복하기를 바라고 전 세계 모든 팬도 그것을 바란다. 그런데 결과는 그런 바람과 다른 경우가 많다. 상대적 외로움과 좌절감이 엄습하고 우울한 마음을 다스리기 위해 노력하지만 그것을 이겨내기가 쉽지 않은 것이다.

인간은 인격의 존재로 명예를 추구한다. 다른 사람들이 좋아하는 존재가 되기를 원한다. 사랑을 받는 것만큼 행복한 일은 없다. 아마도 그들은 처음에 음악을 사랑했지만 시간이 지나면서 팬들의 사랑을 더 좋아하게 되었을 것이다. 그러면 오래 지나지 않아 상대적 박탈감이라는 어둡고 습한 늪에 빠지게 된다. 유명해지기 전에는 있어도 되고 없어도 되었던 것이 이후에는 필수품이 된 것이다. 자신과 음악과 명예와 재산 등을 모두 하나로 생각하고 자기의 존재 가치를 명예나 재산 등 언젠가 사라질 것에 두려 하는 것이 그들을 위험한 모래 늪에 빠져들게 한다. 그것은 마치 모래 위에 지은 집과 같다(마 7장).

운동선수는 세계 대회에서 우승하면 국가적 영웅이 된다. 부와 명예가 따르고 유명인사가 된다. 그러나 조금만 실수해도 팬들의 야유를 받는다. 재능을 발휘하기 위해 열심히 노력하다가 타인의 좋은 평가를 받기 위해 노력하게 되는 것은 슬픈 일이다. 다른 사람이 훌륭하다고 말하는 평가의 기준은 다분히 주관적이라서 타인의 평가에 휘둘리기 시작하면 하나님이 주신 재능을 충분히 발휘할 수 없다. 하지만 타인의 평가와 상관없이 내가 할 수 있는 일에 최선을 다하면 자존감이 쉽게 오르락내리락하지 않아서 속이 편하다. 그러나 타인을 배려하지 못하는 독선을 범할 수 있기 때문에 타인의 평가를 완전히 무시할 수는 없다. 타인의 평가에 주목하는 것도 위험하지만 무시하는 것도 위험하다. 타인의 평가에 과하게 주목하지 않고 완전히 무시하지도 않는 방법은 딱 한 가지다. 하나님의 평가에 주목하는 것이다.

하나님을 기쁘시게 하는 일을 '소명'이라 한다. 하나님이 내가 한 일을 어떻게 평가하는지에 귀를 기울이는 일은 소명에서 출발한다. 소명은 삶의 의미를 부여한다. 잘하고 좋아하는 일을 하되 후원받으며 일하는 곳을 일터라 하고, 소명을 가지고 다른 사람들과 팀이 되어 일하는 것은 돈 버는 것 이상의 가치가 있다. 서로 잘하는 일을 하며 보완하는 것이 일꾼들이 추구할 아름다운 조화다.

마치 여러 악기가 아름다운 음악을 연주하듯 우리는 각자의 특기를 살려 일을 하되 서로 의존과 독립, 두 가지를 잘 유지해야 한다. 그런 의미에서 에리히 프롬의 평등에 대한 통찰력은 중요하다. 사람들의 사회화 과정을 통해 인간의 표준화가 지속적으로 조용히 진행되어 자신도 모르게 표준화를 평등이라고 오해한다는 것이다.[18] 표준화는 사실은 외로워도 우리가 싫어하는 분리 상태와 고독을 드러나지 못하게 한다.

개인의 개성적인 창조 활동보다는 대량 생산에 필요한 도구로서 업무가 많아진 현대인들은 타인의 인정을 더 갈구할 수밖에 없다. 사회적 존재로서 우리는 서로 의존하며 살지만 그것이 절대적이 될 때 건강하지 않은 사회생활을 하게 된다. 헨리 클라우드와 존 타운센드는 《No!라고 말할 줄 아는 그리스도인》(좋은씨앗, 2005)이라는 책에서 "각 사람은 자기만의 정신적, 육체적, 감정적, 영적 경계선을 적절히 설정해야 한다"[19]고 말한다. 내 것과 우리의 것이 무엇이고 소유에 대해 책임져야 할 영역이 어디까지인지 정하는 방식에 개인차가 있다는 것이다. 어떤 사람은 타인의 경계를 쉽게 침해하고 어떤 사람은 남이 정해 주는 자기 경계에 순응하며 또 어떤 사람은 남을 전혀 상관하지 않고 자기의 경계를 엄격히 고수하면서 고립되기도 한다. 가장 바람직한 것은 자기 소유와 책임의 경계를 남의 것과 명확히 구분하되 유연함을 잃지 않고 타인과 공유하며 타인의 돌봄도 적절히 받는 것이다.

각 개인의 경계를 비정상적으로 침해하는 동반의존(codependency)의 문제에 주목할 필요가 있다. 동반의존자는 남에게 필요한 존재로 남기 위해 의존적인 사람을 계속 의존적인 상태에 머무르게 한다. 예를 들어 알코올 중독자와 그 중독자를 돌보는 가족의 관계에서 돌보는 가족은 중독자에게 혐오를 느끼지만 보호해야 한다는 책임감도 느낀다. 그때 가족이 중독자를 통제하려는 욕구가 발생한다는 점이 문제다. 중독이 치료되어 행동이 충분히 개선되어도 그동안 가족이 느껴왔던 통제 욕구가 함께 해소되지 않으면 중독의 재발 가능성이 여전히 남는다. 독립성이 없는 중독자가 조종하고 지배하려는 돌보는 자를 만나서 동반의존 관계를 형성한 것이다.

부모와 자녀 사이도 동반의존 관계가 발생할 수 있다. 아직 충분히 독립성을 갖지 못한 아이들은 부모를 의지할 수밖에 없다. 만약 부모도 아직 독립성을 확립하지 못한 상황이라면 부모는 자녀에 대해 통제(control)하려는 욕구를 느낀다. 예를 들어 아들이 성인이 되어 결혼을 했어도 어머니의 마음은 아들의 결혼을 인정하지 않는다. 왜냐하면 아들이 독립적여지는 것이 불안하기 때문이다. 어머니는 여전히 어머니를 필요로 하는 아들로 남기를 원하고 극단적인 경우 아들 내외의 이혼을 조장하기도 한다. 이대로 변화가 없다면 아들도 어머니처럼 성인아이로 남은 채 이 문제는 다음 세대로 대물림될 것이다.

동반의존은 지배자와 순응자 사이에 일종의 보이지 않는 계약 관계다. 드러내지는 않지만 순응자는 지배자를 절대 의존하고 지배자는 순응자를 통제하도록 허용한다는 무언의 약속이다. 사랑한다고 하지만 엄밀히 말해 자기를 위해 남을 희생하는 악의적 이기주의다. 한 사람은 상대방에게 하염없이 기대려 하고 다른 한 사람은 자기를 의존하는 것을 이용해 빈 마음을 채우려는 미성숙한 관계다. 사람과 사람이 아름다운 관계를 이루려면 서로 인격으로서 각자 충분히 독립적이어야 한다. 이를 무시하는 동반의존 관계는 서로 존엄성을 착취함으로써 결국 상처만 남기고 떠나 버리는 비극을 낳게 된다. 신이 기준이 아니라 타인을 기준으로 자기의 가치를 평가하려고 하면 동반의존의 문제에서 자유할 수 없다.

아이가 부모에게 인격적인 대우를 받지 못하는 것만큼 아이에게 괴로운 일은 없다. 마음의 상처는 시간이 지나면 아무는 것 같지만 앙금처럼 마음에 남는다. 부모의 사랑을 정상적으로 받지 않고 상처투성이로 성인이 되면 몸은 성인이지만 마음은 아이로 남아 있는 '성인아이'가 된다.

성인아이는 사회에서 성인으로 인정받아 투표권도 있고 청소년불가 등급 영화도 볼 수 있고 연애도 하고 결혼도 할 수 있는 여러 가지 권리가 있지만 마음의 '사랑 탱크'는 비어 있는 채로 살아야 한다. 사랑으로 채워야 할 마음이 비어 있기 때문에 무슨 일을 해도 채워지지 않고 공허함을 느낀다. 거절당하지 않으려고 공부하거나 인정받으려고 일만 하는 인간은 잠깐 행복할 수 있지만 공허함이 계속해서 찾아온다. 성인아이는 결혼도 빈 마음을 채우려고 하는 것이기 때문에 배우자를 진정으로 사랑하기 어렵다. 그러다가 중년이 되면 중년 하프타임의 위기를 맞아 무의미해 보이는 자신의 인생을 한탄하며 우울해하고 갱년기에는 무가치감에 시달리기 쉽다. 빈 사랑 탱크가 불행의 원인이라는 사실을 모른 채 술이나 도박 등으로 쉽게 인생을 탕진한다.

마음에 사랑을 채우려는 우리는 서로 매순간 구애를 하고 있을지 모른다. '내가 원하는 것을 하게 해줘. 그럼 나도 그렇게 해줄게'라는 생각으로 상대방을 대한다. 하지만 순서가 바뀌어야 한다. "그러므로 무엇이든지 남에게 대접을 받고자 하는 대로 너희도 남을 대접하라"(마 7:12)는 '황금률'이라고 불리는 원칙이 있다. 남이 나를 용납해 주는 것을 원하면 내가 먼저 남을 판단하거나 평가하지 않고 그 사람의 있는 그대로의 모습을 이해해 주어야 한다는 말이다. 내가 용서받고 싶으면 먼저 나에게 잘못한 사람에 대한 미움을 사랑으로 바꾸려고 노력해야 한다. 받고 주는 것에 익숙해져서 먼저 주는 것이 자연스럽지 않은 우리에게는 어려운 일이지만 그럼에도 애써야 하는 것이다.

서양 문화권보다 동양 문화권에서 내가 남에게 먼저 주는 것이 좀 더 자연스럽다. 동양 문화권 사람들이 내 것과 남의 것의 경계 구분이 서양보다 분명하지 않기 때문이다. 한국의 두레 문화를 보아도 그렇다. 오래전 우리나라 농민들은 농사 철이면 이웃의 농사에 자기 일처럼 협조했다. 모내기 철이 되면 서로의 논에 마을 일손이 다 함께 모여 모를 심고 먹고 즐겼다. 수확 철에도 공동으로 일하고 농악을 울리며 온 동네가 축제의 시간을 가졌다. 지금은 농기계가 발달하면서 일손이 많이 없고 서양의 개인주의가 내 것과 네 것을 명확히 구분하는 데 한몫을 하여 그렇게 함께 나누었던 우리의 농심(農心)이 아쉬워졌다.

샌디지와 윌리암슨에 따르면 우리나라와 같은 동양의 전통 문화권 사람들은 서양인과 달리 자신을 독립적 인격으로 보기보다는 사회의 한 구성원으로서 본다.[20] 서양인이 인간관계를 내 것과 네 것을 바꾸는 관계로 본다면 한국인은 서로의 것을 함께 나누는 관계로 본다는 것이다. 그러다 보니 서양인과 달리 한국인은 내가 잘하면 가족의 체면을 세우고 못하면 집안의 망신이라고 여긴다. 한국인은 용서도 가족이나 사회 공동체의 이익을 생각하고 결단하는 경향이 있다.

그에 비해 미국과 같은 서양 문화권 사람은 상처를 받으면 자신의 감정 상태를 위해 용서를 시도한다. 동양인의 용서는 용서보다는 화해에 가깝다. 용서 전문가 에버렛 워딩턴 박사는 "용서란 피해 때문에 일어난 분노나 두려움 또는 피해 상황을 되새기는 비용서(unforgiveness)를 이타적 사랑이나 공감 또는 동정 심지어 낭만적 사랑의 감정으로 교체하는 것"[21]이라고 정의했다.

우리나라가 속한 동양 문화에서 용서의 결단은 서양 문화에 비해 비교적 쉽지만 서양 문화에서는 일단 용서를 결단하면 미움을 사랑으로 바꿔 가는 과정이 좀 더 빠를 수 있다. 여기서 발견할 수 있는 한 가지 흥미로운 점은 정말 용서다운 용서를 위해서는 내 것과 네 것을 명확히 구별하는 서양 문화가 유리하다는 것이다. 그러나 내 것을 네 것과 함께 통용하고 사이좋게 나누기 위해서는 한국의 전통 문화가 유리하다.

동양의 집산주의(collectivism)와 서양의 개인주의(individualism)는 공통점이 있다. 공동체를 먼저 생각하든, 개인의 유익을 먼저 생각하든 이 두 가지의 목적은 하나다. 서로 원하는 것은 '나는 역시 가치 있는 사람이야'라는 확신이다. '나는 역시 사랑받을 만해'라는 믿음을 원하는 것이다. 한국인이 가정과 사회를 위해 더 헌신적이라고 해서 그렇지 않은 미국인에 비해 항상 자기 가치를 높이 평가하는 것은 아니다. 반대로 서로 내가 주인공이라고 외치는 개인주의자들은 자존심 싸움이 강해서 서로 좋은 평가를 기대하기가 어려울 것이다. 동양이든 서양이든 사람의 상대적 평가에 따라 존재가치를 결정한다면 어느 나라든, 어느 집단이든 사랑 결핍증에서 자유로울 수 없을 것이다.

용서함으로써 누리는 것

누군가 은혜를 베풀어야 다른 누군가 사랑을 받는다. 한 사람이 자기의 자유를 제한하면 다른 한 사람이 그만큼 자유를 누리기 때문이다. 사랑의 행위로 우리가 할 수 있는 가장 이타적인 자기 제한은 용서다. 용서는 우리의 이기적인 체질을 역행하는 불편한 일이지만 나 자신을 위해서라도 용서하며 살아야 한다. 몸과 마음의 건강을 모두 해치는 가장 치명적인 요인이 비용서이기 때문이다.[22] 가해자의 가해 행위를 수시로 재생하며 기억함으로써 분노와 두려움과 증오 등의 부정적 감정을 느끼는 것은 건강에도 악영향을 미친다.

용서에는 두 가지 종류가 있는데 하나는 '결정적 용서', 다른 하나는 '감정적 용서'라고 부른다. 결정적 용서는 가해자에 대해 부정적 감정이 있지만 잘 지내기로 결심하는 것이다. 예를 들어 어떤 사람이 나를 모욕하면 마음에 상처를 입고 화가 나서 복수하고 싶지만 그 사람과 마주쳤을 때 그를 친절하게 대하려고 노력하는 것이다. 반면 감정적 용서는 가해자에 대한 혐오와 미움 같은 부정적 감정을 사랑 같은 긍정적인 감정으로 바꾸는 것이다. 예를 들어 어떤 사람이 억울하게 누명을 쓰고 감옥에 갔다면 그는 사회적으로 큰 피해를 입고 증오의 쓴 뿌리가 마음에 자리 잡았을 수 있다. 그럼에도 그가 그 분노와 두려움을 사랑으로 바꿔 가는 것이 감정적 용서다. 물론 그를 불행한 처지로 몰아넣은 범법 행위를 밝히는 문제는 여전히 남아 있다.

용서를 하지 않는다고 비난할 수 없다. 이스라엘의 율법에도 가해자가 피해를 준 만큼 피해자에게 갚아 주는 것이 맞는 계산이라고 나와 있다.

"사람을 쳐죽인 자는 반드시 죽일 것이요 짐승을 쳐죽인 자는 짐승으로 짐승을 갚을 것이며 사람이 만일 그의 이웃에게 상해를 입혔으면 그가 행한 대로 그에게 행할 것이니 상처에는 상처로, 눈에는 눈으로, 이에는 이로 갚을지라 남에게 상해를 입힌 그대로 그에게 그렇게 할 것이며 짐승을 죽인 자는 그것을 물어 줄 것이요 사람을 죽인 자는 죽일지니 거류민에게든지 본토인에게든지 그 법을 동일하게 할 것은 나는 너희의 하나님 여호와임이니라"(레 24:17-22).

이 메시지는 피해자가 아니라 가해자나 제삼자가 해야 할 일에 대한 엄한 명령이다. 가해자는 상해를 입힌 그대로 물어주고 사람을 죽였으면 자신의 생명으로 갚으라고 한다. 우리는 피해자이면서 때로는 가해자다. 우리는 '용서'라는 단어를 떠올리며 보통 피해자의 입장에서만 생각하는 경향이 있다. 관점을 바꿔서 '내가 가해자라면'이라 생각하고 용서에 접근하면 용서가 조금 다르게 느껴진다. 피해를 준 사람으로서, 갚아야 할 빚이 있는 사람으로, 영적인 신용불량자로, 용서받기를 원하는 사람으로, 우리 자신이 용서를 구걸해야 하는 입장에서 보면 다른 것이다.

사랑의 빚을 진 자 입장에서 보면 누군가 내 마음을 아프게 한 바로 그때가 내가 진 사랑의 빚을 갚을 때다. 우리가 남에게 사랑을 꾸어 준 적이 있었나? 억울한 일을 당해 보상을 받아야 하는가? 그렇다면 비교해 보라. 받아야 할 배상액이 아무리 커도 하나님이 우리를 위해 예수 그리스도를 십자가에 못 박은 그 사랑보다는 크지 않다. 우리가 입은 사랑의 빚을 갚으려면, 억울하고 화나거나 미워서 괴로울 때, 한 맺힌 마음으로 복수하고 싶을 때, 그때가 기회다. 나의 재능과 특기를 사용하여 다른 사람들의 유익을 위해 섬길 수 있을 그때가 기회인 것이다.

군인은 남들이 잘 때 깨어서 나라를 지키고, 경찰은 누군가 법을 어기고 사회 안전을 위협하려는 것을 막고, 의사와 간호사는 사람들의 건강을 챙기고, 선생님은 배운 지식을 가르치고, 과학자는 편리한 물건을 설계하고, 정치인은 국민의 행복을 책임지는 일에 최선을 다해 섬김으로써 사랑의 빚을 조금씩 갚아 나가야 한다. 서로 보완하고 자기 맡은 일에 최선을 다하면서 아름다운 조화를 이루어 가는 것이다. 그리고 이렇게 함께 주인공으로 사는 것은 하나님의 사랑에서 출발한다.

— 토론 가이드 —

1. 주인공이 되거나 주인공을 부러워했던 경험이 있다면 언제인가?

2. 주인공으로 사는 것이 좋은 이유는 무엇인가?

3. 주인공으로 살 때 겪을 수 있는 부작용은 무엇인가?

4. 주인공이 겪는 문제를 해결하기 위해 우리가 꼭 해야 하는 일은 무엇인가?

4.
닫힌 문을 열 때
어두운 인생에 빛이 들어온다

'유토피아'라는 말이 있다. 유토피아는 현실에 결코 존재하지 않는 이상적인 사회를 뜻하는 것으로, 16세기 영국의 사상가 토머스 모어의 《유토피아》(을유문화사, 2007)라는 책을 통해 처음 선보인 말이다. 유토피아에는 돈이라는 것이 없고 시장에서 필요한 물건을 가져올 수 있으며 집은 모두 똑같고 문에 자물쇠가 없다. 또 누군가는 유토피아를 통제하지만 모두 평등한 곳이다. 임금이나 군인이 독재하지도 않고 모두 평등하게 사는 나라, 우리가 모두 꿈꾸는 나라다.

19세기 초반까지만 해도 유토피아가 이루어질 것이라는 기대가 컸다. 근대 산업주의가 사회 발전을 이룩하고 행복과 번영을 가져올 것이라는 기대가 컸지만 세계대전이 남긴 폐허와 계급 사회의 불평등과 냉전 구도는 유토피아라는 소망의 불씨를 소멸시킬 만했다.

그럼에도 유토피아에 대한 우리의 동경은 지금도 계속되고 있을지 모른다. 현실에 결코 존재하지 않을 것을 알지만 나도 모르게 유토피아처럼 자유로운 세상에 살 수 있을 것이라는 희망을 포기하지 않는 이유는 무엇일까?

"창세로부터 그의 보이지 아니하는 것들 곧 그의 영원하신 능력과 신성이 그가 만드신 만물에 분명히 보여 알려졌나니 그러므로 그들이 핑계하지 못할지니라"(롬 1:20).

목표에 대한 착각

만약 어떤 사람이 5,000명을 잔치에 초대하여 손님들이 모두 한 자리에서 음식을 맛있고 배부르게 먹었다면 그것은 해외 토픽 뉴스에 나올 만한 큰 사건이다.

예수님의 오병이어 사건이 그랬다. 몇 끼를 굶은 사람들 앞에 준비된 음식은 떡 다섯 개와 생선 두 마리뿐이었다. 남자 성인만 5,000명이라서 여자와 아이들까지 합산하면 훨씬 더 많았을 것이다. 예수님은 오병이어로 그곳에 있었던 모든 사람을 먹이고도 남기는 기적의 잔치를 베푸셨다. 문제는 오병이어의 기적을 경험한 사람들의 마음이었다. 그들은 예수님을 좋아했고 이 사건으로 더 좋아하게 되었다. 모든 걱정과 근심을 잊을 정도로 좋았다. 환희를 느끼고 예수님과 함께 있는 그곳 외에는 아무것도 생각나지 않았다. 영원히 그분과 함께 있는 것이 좋을 것 같다는 생각이 들었다. 눈물나는 행복이 온몸과 마음에 전율을 일으켰다.

급기야 그들은 예수님을 강제로라도 자기들의 왕으로 삼으면 좋겠다고 생각했다(요 6:15). 마음의 동기에 문제가 있었다. 그들이 사랑한 것은 예수님이 아니라 예수님의 능력이었다. 이 문제는 1세기에 살던 그들뿐만 아니라 지금 우리의 문제이기도 한다. 우리가 선물을 주는 사람(giver)보다 선물(gift)에 더 관심을 갖는 것을 인정할 수밖에 없다.

우리는 부족함 없이 먹고 모두 평등하고 질병이나 근심 또는 괴로움 없이 그저 행복한 곳을 원한다. 어린양과 이리가 함께 살며 표범이 어린 염소와 함께 눕고 송아지와 사자 새끼가 함께 먹으며 어린아이들이 그들을 돌보는 곳, 젖먹이가 독사 곁에서 놀며 어린아이들이 독사 굴에 손을 넣어도 해를 입지 않는 곳, 해롭거나 악한 것을 찾아 볼 수 없는 곳, 가진 모든 것을 다 주고서라도 소유하고 싶은 곳을 성경에서는 천국이라고 한다(사 11장, 마 13장). 우리는 천국을 원한다. 유토피아처럼 편하고 안락한 곳을 원하는 것이다.

하지만 유토피아와 천국은 다르다. 유토피아에는 하나님이 없고, 천국에는 하나님이 있다. 실상 우리가 진정으로 동경하는 이상적인 장소는 하나님과 영원히 함께 사는 곳이다. 그런 점에서 '유토피아'에 대한 우리의 이해는 처음부터 잘못되었을지 모른다.

피조물이 창조자 없이 완전해질 수 있다는 생각은 착각이다. 아담과 하와가 범죄한 후 나뭇잎으로 몸을 가렸던 행동은 그들로서 최선을 다했기에 만점까지는 아니지만 90점 정도 긍정적 평가를 할 사람도 있을 것 같다. 그리고 우리 스스로 신의 도움 없이 수치를 가릴 수 있다고 생각하기 때문에 신이 없는 행복을 만들 수 있다고 부추기는 세속 심리학과 같은 인문학이 일반화되는 것 같다.

C. S. 루이스가 "수치심을 느끼는 순간의 자기 인식이야말로 유일하게 참된 인식이다"[23] 라고 위선의 위험성을 지적한 것을 진심으로 인정한다면 희망이 있다. 우리는 언제부터인가 수치의 비참함을 느끼지 않으면서도 솔직할 수 있다는 위선을 범하고 있다. 나와 타인을 속이는 '싸구려 솔직함'을 인간관계의 잘 발달된 기술처럼 사용해 온 것이다. 하지만 우리의 비참한 수치를 스스로 잘 가리는 것은 마치 하늘을 손으로 가리고 하늘이 나를 보지 못할 것이라고 우기는 것과 같다.

우리가 그렇게까지 하면서 회복하고 싶은 것은 수치 없는 영광이다. 그러나 정확히 말하면 영광이 무엇인지조차 모른다. 어떻게든 영광을 회복하려 하지만 혼자서는 어렵다. 하나님 없이 스스로 지존자가 될 수 있다는 오류에 빠져 수치의 늪에서 나와 보겠다고 몸부림칠 때마다 조금씩 더 깊이 빠져들어 갈 뿐이다.

늪을 빠져나오기 위해서는 늪 밖에 있는 누군가가 강한 힘으로 끌어내 주어야 하듯이, 인간이 비참함의 늪에서 나오기 위해서는 하나님의 강한 힘이 필요하다. 마치 굳게 잠긴 금고의 문을 열기 위해 열쇠가 필요하듯이, 계약이 이루어지기 위해 계약자 두 사람이 필요하듯이 우리가 추구하는 영광을 얻기 위해서는 반드시 창조주 하나님이 필요하다. 우리의 삶에 하나님이 없다면 우리는 아무런 의미가 없는 존재다. 우리의 힘으로 삶의 이유를 만들려고 애써도 창조자를 인정하지 않으면 바닷가의 모래성처럼 곧 무너지고 만다. 바람이 불고 비가 쏟아져도 흔들리지 않는 굳건한 반석 위에 세워진 집처럼 우리의 인생이 튼튼하려면 살아 계신 하나님을 인정해야 하는 것이다.

오랜만에 추억이 깃든 고향을 찾아가지만 실망할 때가 있다. 그리워했던 곳에 방문하는데 왜 그렇게 공허할까? 이유는 간단한다. 추억은 장소가 아니라 사랑한 사람들이기 때문이다. 오랜만에 고향에 가면 오래전 친구들은 모두 떠나고 텅 비어 있다. 한편 어디서든 그리워했던 사람을 만나면 그곳이 고향이다. 함께 뛰놀던 고향 사람과 함께 있다면 장소와 상관없이 고향을 느낄 수 있는 것이다.

이렇게 우리가 바라는 원래의 고향, 천국은 빛나는 황금성이 아니라 하나님이다. 하나님과 영원히 함께하는 것이 천국이며 하나님만 계셔도 너무나 만족스러운 것이 천국이다. 본향, 언젠가 다시 돌아갈 바로 그곳, 우리가 이 땅에서 발버둥치며 얻고자 했던 낙원, 바로 그곳은 결국 장소가 아니라 하나님 그분 자체인 것이다.

영원한 삶은 사랑에 관한 것이다. 사랑이 없으면 영원히 지루할 것이다. 좋으신 하나님을 모르고 천국에 가면 영원히 무료하고 끔찍하게 지루할 것이다. 천국은 주식을 사고팔지도 않고 집을 팔아 더 큰 집으로 이사할 일도 없으며 서로 싸울 일도 없고 굶어 죽을 일도 없는 곳이다. 대통령 선거도 없고 텔레비전도 없다. 피곤하지도 않고 잠을 잘 필요도 없고 아프지도 않아서 병원에 갈 일이 없으며 서로의 마음이 유리컵 속의 물처럼 훤히 들여다보일 것이다. 또한 따로 배우지 않아도 충분한 통찰력을 갖기 때문에 학교도 필요 없을 것이다.

이 땅에서 그토록 원했던 것이 천국에 없다면 천국에 갔을 때 얼마나 당황스럽겠는가? 아무것도 없이 영원히 살아야 한다면 심심해서 죽을 것이다. 고통이 없어서 좋기는 하지만 그만큼 말초신경을 자극하는 즐거움도 없을 것이다. 그럼에도 우리가 천국을 동경하는 이유는 이 세상에 아무리 큰 행복이 있어도 천국에서 경험할 행복과 비교할 수 없기 때문이다.

하나님이 없는 인생은 곧 괴로움이다. 이 땅에서뿐 아니라 사후에도 그러하다. 다행히 우리 인간 쪽에서 회복한다면 하나님과의 신-인 계약은 여전히 유효하다. 계약을 파기한 우리는 우리의 영원한 생명을 위약금으로 치러야 한다. 그러나 계약을 되살리기 위해 하나님은 신으로서 권한을 남용하지 않으셨다. 인간은 계약을 무시했지만 하나님은 여전히 신-인 계약의 유효한 계약자로서 남아 계셨다. 계약을 위반한 인간이 치러야 할 대가를 하나님이 대신 치르셔서 계약이 계속 유효하도록 만드신 것이다. 합법적으로 계약을 지키기 위한 하나님의 희생은 그리스도의 십자가로 확인할 수 있다. 그래서 그리스도의 십자가를 믿으면 신-인 계약은 우리에게 유효하다. 신-인 계약의 약관은 성경의 구약과 신약에 자세하게 나와 있다.

성경에서는 신-인 관계를 계약 관계로 묘사하고 있다. 현대 사회에서는 쌍방이 중요한 약속을 할 때 종이에 약관을 작성한 후 그것에 서로 동의한다는 의미로 이름과 날짜를 적고 서명한다. 그러나 수천 년 전의 계약 방식은 지금과 달랐다. 짐승을 잡아 위에서부터 아래까지 반으로 쪼개고 그 쪼갠 짐승의 가운데로 계약자 두 사람이 지나간다(창 15장). 그리고 서로 이렇게 말한다. "우리 중 누구라도 이 약속을 여기면 이 짐승처럼 될 것이다!" 그만큼 계약은 목숨을 건 중대한 일이었다.

계약은 서로에게 존재의 이유를 부여한다. 계약이 없으면 상대방의 존재는 나에게 의미가 없다. 계약자는 동의하는 제한 조건을 지키겠다고 약속함으로써 서로 의미를 부여한다. 전세 계약을 예로 들어 보자. 집주인과 세입자는 3,000만 원의 전세금을 주고받고 2년 동안 세입자가 집주인의 집에서 거주할 권리를 부여한다. 쌍방이 이 약속을 종이에 적고 함께 서명함으로써 법적인 효력이 발효한다. 계약은 집주인 대 세입자라는 관계적 제한을 발생시킨다. 즉 집에 거주할 권리를 준 사람과 그 권리를 받은 사람의 관계로 서로 새로운 존재가 되는 것이다. 이 제한은 계약 외 다른 사람들에 대해서는 계약자들만의 배타적인 관계를 만든다. 만약 이 둘 중 누군가 어겨서 계약이 파기되며 어긴 사람은 그에 상응하는 결과를 약속에 따라 책임져야 한다.

계약에는 그 약속에 책임을 질 수 있는 독립적인 개인 둘 이상이 필요하다. 계약은 새로운 세상의 처음과 끝이며 각 계약자가 독립적 존재임을 서로 인정하는 것이다. 그래서 계약자 한쪽이 존재하지 않거나 상대 계약자를 인정하지 않는다면 그 의미를 상실한다. 우리는 태어나면서부터 창조자와 계약의 관계에 선다. 하지만 엄연히 존재하는 신-인 계약을 인간이 일방적으로 인정하지 않으며 살 수도 있다.

진정한 회복의 길

우리가 원하는 영광의 회복은 신-인 계약의 회복이다. 신-인 계약의 회복은 우리가 아예 잊고 살았던 하나님 아버지와 자녀의 계약 관계를 인정하는 데서부터 시작한다. 우리는 하나님과의 계약 관계 안에서 자신의 모습을 새롭게 발견하고 정체성을 회복한다. 이 회복은 이전에 보지 못했던 새로운 세상을 보게 하고 살아야 할 이유를 발견하는 엄청난 변화다.

계약이라는 말이 사무적이고 냉정하게 들릴 수 있다. 서로 믿지 못하기 때문에 계약서에 서명하고 어길 시에는 손해 배상 소송을 걸고 판결을 받아서 강제로 배상을 받기까지 하기 때문이다. 사실상 계약은 냉정하다. 쌍방의 약속은 철저하게 지켜야 한다. 그리고 어긴 사람은 계약 조건에 의거하여 냉정하게 처벌받아야 마땅하다.

사과가 중력 때문에 땅으로 떨어지는 것이 당연하듯 약속은 당연히 지켜야 한다. 컴퓨터는 주인이 사용 설정을 해 놓은대로 작동하는 것이 당연하지만 사람은 기계처럼 일정하지 않아서 변심하기가 쉽다. 오늘 약속한 것을 내일 모른다고 할 가능성이 많다. 돈을 빌린 사람은 약속대로 돈을 갚는 것이 당연한데 그것을 미루거나 아예 갚지 않아서 분쟁이 일어나는 경우도 허다하다. 그래서 인간은 계약을 사무적이고 차갑고 냉정한 것으로 느끼는 것이다.

우리는 하나님과의 관계를 그렇게 사무적으로 느낄 수 있다. 그래서 두렵고 불편한 마음으로 하나님을 멀리하려고 할 수 있다. 입장을 바꿔 생각해서 우리가 신이라면 우리가 정한 법을 스스로 어길 수 없다. 내가 정한 법을 어기는 것은 신으로서 정체성을 완전히 소멸시키는 일이기 때문이다. 자신의 약속을 어기는 신은 없다. 하나님은 그분이 맺은 언약을 성실히 지키실 수밖에 없으신 분이다. 정확히 말하면 약속을 어길 능력이 없다고 말하는 것이 맞겠다. 신이기 때문이다. 그래서 신의 사랑은 언약을 철저히 지키면서 동시에 언약을 어기는 우리를 용서하시는 신비한 사랑이다. 우리는 이사랑을 완전한 사랑이라고 한다.

완전한 사랑은 자연 만물에 드러나 있다. 자연은 신의 사랑을 드러낸 사랑의 편지라고 할 수 있다. 태양은 밝은 빛과 적절한 열을 주고 나무는 공기를 뿜어 주며 우리가 살 환경을 만들어 준다. 과학자들은 태양과 지구의 거리가 조금만 더 가까워도 지구는 인간이 살 수 없을 정도로 너무 뜨겁고 조금만 더 멀어도 얼음덩어리였을 것이라고 말한다. 신이 의롭지 않아서 변덕스럽게 계획을 바꾸었다면 지금의 우리는 없었을 것이다. 하나님은 우리를 사랑하시기 위해 그분의 의를 지키셨다. 그리고 하나님의 의는 우리의 생명줄이며 우리가 최고로 추구해야 할 영원한 생명의 나라다(마 6:33).

하나님을 구하기 시작하면 전에 죄책감과 두려움의 눈으로 신을 보았던 우리가 달라지는 것을 느낄 수 있다. 무엇이든 구하면 주시는 무한한 하나님의 사랑을 알게 된다. 분노하는 신을 보며 끔찍한 죄책감에 시달리던 우리가 창조주 하나님의 무조건적인 사랑을 받는 그분의 아들과 딸임을 발견한다. 하나님 없이는 상상할 수 없는 인간의 위대함을 보는 동시에 하나님이 부재한 인간의 비참함과 수치도 분명히 확인한다. 그 가운데 우리는 하나님 안에서 누리는 기쁨을 맛보며 이것이 천국의 그림자임을 감지하고 영원한 생명을 소망하게 된다.

하나님은 사랑 그 자체다(요일 4:16). 그래서 합법적으로 우리의 문제를 해결하기 위해 하나님 자신을 희생하셨다. 하나님과의 관계 안에서 온전해질 수 있는 우리의 원래 정체성을 회복시키신 것이다. 하나님은 비인격적인 아버지와 전혀 다르다. 사랑의 하나님을 믿지 못하고 수치를 주는 하나님으로만 생각하면 하나님은 없는 것이 나은 대상일 뿐이다.

하나님의 사랑을 학대하는 아버지의 변덕스런 '사랑'과 같을 거라 생각하는 것은 큰 오해다. 하나님의 사랑을 꾸짖는 사랑, 감시하는 사랑, 벌을 주는 사랑, 수치와 두려움을 주는 사랑이라고 생각하는 것은 정말 큰 오류다. 독생자 예수 그리스도는 우리가 당할 수치를 대신 당하셨다. 사람들은 그분에게 침을 뱉고 따귀를 때리고 가시 면류관을 머리에 씌우며 비웃었다. 뾰족한 조각이 달린 채찍으로 온몸을 때렸다. 그리고 그분을 나무 십자가 형틀에 눕히고 그분의 두 손과 발등에 대못을 박았다.

우리의 생명을 살리기 위해 치른 하나님의 처절한 생명의 대가였다. 우리를 피 흘리지 않게 하시려고 예수 그리스도가 자신의 몸의 모든 피와 물을 다 쏟아내셨다. 하나님은 오래전부터 이 사건을 철저히 준비하셨고 마침내 완벽하게 이루셨다. 수천 년 전부터 사람들의 입에 오르내리던 '메시아'가 많은 사람들의 예언대로 구원의 사역을 성취한 것이다.

소망을 이루는 과정

하나님께 가는 여정의 첫 걸음은 하나님과 동행하는 것을 전제로 한다. C. S. 루이스의 말대로 하나님께 대항하기 위해 손에 든 무기를 내려놓아야 한다.[24] 신의 자리에 하나님이 아니라 나 자신을 앉히려는 망상에서 깨어나야 한다. 영원한 생명의 길을 거부하고 자기 왕국을 만들려는 엉뚱한 길에서 돌이켜야 한다. 존 스토트는 "우리가 어긴 법은 하나님이 제정하신 것이므로 죄는 하나님에 대한 반항이다"[25]라고 지적했다. 그러므로 우리는 하나님 대신 자기가 신이 되려는 마음과 그것이 낳은 모든 죄를 회개해야 한다. 이 과정을 거쳐야 하나님을 대신하던 일상의 신뢰 대상을 하나님으로 대체할 수 있다.

그렇지 않으면 하나님의 거룩한 사랑을 경험할 수 없고 우리가 바라는 회복의 여정을 시작할 수조차 없다. 하나님의 거룩함은 죄와 타협하지 않는 사랑이며 죄인들을 용서하는 사랑이다.[26] 하나님의 사랑은 싸구려 사랑이 아니다. 인간의 생명보다 가치 있는, 목숨을 걸 만한 사랑이다. 우리 손에 잡은 무기와 소유를 모두 내려놓고 잡아야 할 최고의 가치다. 그래서 하나님은 예수 그리스도를 십자가에 희생하시면서까지 그 사랑을 우리에게 알려 주셨던 것이다. 그러므로 우리는 하나님의 그 사랑을 믿고 우주의 창조주 하나님과 화목하기로 작정해야 한다. 하나님을 유일한 신으로 인정하고 인생의 통제권을 하나님께 내어드리거나 하나님의 사랑을 포기하는 것 중 하나를 택해야 하는 것이다(마 6:24).

사랑에 목마른 우리는 하나님이 필요하다. 본능적으로 우리 자신을 위해 희생할 대상을 찾는 것은 사랑이 필요하기 때문이다. 사랑에 대한 굶주림은 사자가 사냥감을 찾고 목마른 사슴이 시냇물을 찾는 것 같은 굶주림이다. 이것을 궁극적으로 완전히 해결하려면 신이 나를 위해 자신을 포기했다는 것을 믿어야 한다. 우주를 만든 신이 아주 작은 존재인 나를 신경 쓰고 있다는 것을 믿어야 한다. 신이 나를 사랑해서 그 증표로 자신을 십자가에서 희생한 사건이 나를 위한 일이었다는 사실을 믿어야 하는 것이다.

십자가 사건이 나와 상관이 있다고 믿는 순간 회복이 시작된다. 우리는 여전히 신의 자리에서 우리의 인생을 통치하려는 야욕을 버리지 못하고 성적으로 유혹을 받고 마음으로 살인하는 죄의 본능이 있다. 하지만 이제는 사는 이유가 다르다. 하나님을 찾고 하나님을 위해 행하고 하나님이 기뻐할 만한 것을 선택하려고 노력한다. 이것은 의무가 아니라 좋아서 자발적으로 하는 행동이다.

전에는 사람들 사이에서 나 자신의 자유를 제한하는 것이 불편했지만 이제는 하나님이 필요한 나를 발견하기 위해 나 자신을 제한하는 것을 기분 좋게 찾을 수 있다. 전에는 안락함을 추구했지만 이제는 하나님 안에서 누리는 평안을 추구한다. 실수해도 걱정하지 말라고 위로하시는 하나님, 사람들이 무시할 때 "내가 너를 사랑한다"라고 격려하시는 하나님을 발견한다. 전에는 불편한 마음을 가라앉히려고 음악을 들었지만 이제는 자주 하나님의 사랑을 노래하게 된다. 세상 친구들보다 하나님의 사랑을 공감하는 신앙의 동역자들이 편하고 술자리에 가더라도 술 대신 콜라를 마시며 취한 친구들을 집에 바래다줄 수 있다. 영원한 소망이 있어서 행복하고 기쁘지만 이 모든 것이 나의 공이 아니라 하나님의 사랑 덕분이라는 것을 십자가를 보며 확인한다.

그러나 하나님의 영광을 소유한 천부의 자녀들이 빠질 수 있는 위험이 있다. 바로 '반장 콤플렉스'다. 헨리 나우웬은 《탕자의 귀향》(포이에마, 2009)에서 램브란트의 그림 "탕자의 귀향"에 대해 깊은 통찰을 제시한다. 그중 특별히 주목할 것은 램브란트 그림에 보이는 첫째 아들의 표정이다.[27] 둘째 아들 탕자가 재산을 탕진하고 집에 돌아왔을 때 첫째 아들의 표정은 좋지 않았다.

그는 한 번도 아버지 곁을 떠나지 않고 아버지 옆에서 일을 도왔다. 아버지의 권한을 공유하는 집안의 2인자였다. 하지만 그의 마음에 갈등이 있었다. 그가 가진 힘은 모두 아버지로부터 왔는데 그는 아버지마저 자기가 원하는 대로 다 해주기를 기대하는 독선에 빠져 있었던 것이다. 아버지가 원한 것은 아버지를 닮아 서로 용서하고 축복하는 선한 마음이었지만 첫째 아들은 아버지의 권리를 독점하는 데 관심을 두었다. 그의 문제는 권력 1인자 아버지를 다른 사람들과 가까워지지 않게 함으로써 권력 2인자인 자신의 이익을 추구하려는 탐욕이었다.

학교에서 학급 반장이 되면 선생님의 권위를 나누어 갖는 2인자가 된다. 그런데 간혹 2인자의 힘을 유지하기 위해 아이들과 선생님 사이의 간격을 벌리는 경우가 있다. 권력 2인자가 갖는 이 문제를 편의상 '반장 콤플렉스'라고 하자. 교회에서 중직자가 자기가 계획한 일만 인정한다든지 자기보다 인정받는 사람이 있으면 그가 누구든지 깎아내리는 것도 반장 콤플렉스에 해당한다. 중세 로마 가톨릭 교회가 하나님의 주권을 소유한 것처럼 '면죄부'를 사람들에게 팔아 그들의 죄를 사해 준 것도 심각한 반장 콤플렉스에 해당한다. 요즘에는 목회자가 또 다른 교권주의자가 되어 교인들이 하나님께 가는 길을 막는다. 그렇게 목회자를 통해서만 가능하다는 듯 권력을 남용하는 것도 반장 콤플렉스에 해당한다.

인간의 정체성, 하나님 자녀의 신분을 회복하기 위해 형제와 이웃도 사랑해야 한다.

"누구든지 하나님을 사랑하노라 하고 그 형제를 미워하면 이는 거짓 말하는 자니 보는 바 그 형제를 사랑하지 아니하는 자는 보지 못하는 바 하나님을 사랑할 수 없느니라 우리가 이 계명을 주께 받았나니 하나님을 사랑하는 자는 또한 그 형제를 사랑할지니라"(요일 4:20-21).

만나는 사람이 100명이라면 100가지 이상의 나에 대한 불편한 제한을 각오해야 한다. 상대방의 성격과 행동 방식이 다르기 때문에 어느 정도 맞추는 것은 불편할 수밖에 없다. 하지만 그렇게 하는 것이 사랑이다. 그렇게 하나님의 자녀로서 사랑하기 위해 자기를 제한하기로 작정한 사람을 '왕 같은 제사장'(벧전 2:9)이라고 부른다.

왕 같은 제사장은 하나님의 권능을 발휘하고 동시에 하나님과 사람 사이에서 화평의 다리 역할을 한다. 하나님은 우리를 어두움에서 불러내어 놀라운 빛 가운데 들어가게 하신 하나님을 널리 찬양하게 하셨다. 하나님이 우리를 선택하고 거룩하게 하고 소유로 삼으셔서 매우 특별한 신분을 갖게 하셨다는 말이다. 우리는 정말 놀라운 '특권층 사람'이다. 다른 사람들도 하루 속히 같은 특권층 사람이 되기를 열망한다는 점에서 돈과 권력을 움켜쥔 사회 특권층과 다르다. 그래서 왕 같은 제사장은 예수 그리스도라는 공통분모 위에 함께 공동체를 형성하고 성령으로 연합하여 사이좋은 관계로 지낼 수 있다(엡 4:3).

이것이 교회다. 모여서 하나님을 노래하고 성경 말씀을 나누고 하나님의 크신 사랑을 기억하며 천국의 소망을 함께 확인한다. 그들은 하나님의 무한 사랑을 받는 자신이 하나님의 자녀라고 믿는다. 그리고 사회가 정하는 가치가 그들을 훌륭하거나 형편없다고 평가할 기준이 될 수 없음을 안다. 또한 하나님이 이 세상 모든 권세 위에 있다는 사실을 믿는다. 사랑하면 행복하고 사랑을 버리면 불행하다는 사실을 잘 알기에 사랑을 잃지 않으려고 부단히 노력하며 사랑이 바보 같다는 이유로 사랑을 버리는 어리석음을 범하지 않는다. 결혼 생활이 권태롭다고 혼외정사에 빠지지 않는 것이다.

탐욕을 수시로 경계하는 지혜자이며 파괴적 탐욕의 유혹을 분별하고 하나님의 사랑을 믿고 따라가는 명철의 소유자다. 이성과 돈과 명예와 권력이 주는 유혹에 빠지면 불행해지게 될 사랑하는 가족과 동료들을 생각하고 그들을 유혹의 길에서 돌이키는 구원자들이다. 자기 마음대로 살지 않고 하나님이 자기 주인이라고 믿는 신자들이다. 그들은 주위 사람들의 희망이며 하나님의 사랑을 드러내는 또 다른 증표다. 어두운 밤같이 죄악으로 깜깜한 세상을 밝히는 소망의 빛이며 생명이 없는 곳에 살맛을 내는 소금과 같은 전도자다(마 5:13-16).

'크리스천' 또는 '예수쟁이'라고 불리는 그들은 하나님의 사랑이면 충분하다고 믿는 자유자이며 하나님의 사랑을 받는 존엄한 사람들이다. 그래서 언제나 마음속에 함께 계시는 성령의 인도를 따라간다. 또한 그들은 한 성령을 소유했기에 하나의 공동체로 연합한다(고전 12장). 한 몸에 여러 지체가 있어서 모든 몸의 부분이 조화를 이루는 것처럼 한 사람이 고통당하면 함께 고통을 느끼고 한 사람이 기뻐하면 함께 기뻐한다(엡 4:30, 고전 2:10).

성도들은 성령의 도우심으로 영광으로 회복해 가는 세상의 빛이다. 그들은 하나님의 형상을 회복해 가는 퍼즐 그림과 같다. 퍼즐 조각들을 정해진 위치에 하나씩 맞추다 보면 서서히 그림이 나타나듯이 성도들의 모습을 통해 하나님의 형상이 조금씩 나타난다. 항상 완벽하지 않기에 시행착오도 겪지만 한 조각씩 맞추는 기쁨은 다른 것과 비교할 수 없다. 수치에서 영광으로의 변화이며 절망에서 소망으로 가는 여정이기 때문이다.

폴 틸리히는 인간이 자기의 진정한 존재(true being)에서 분리된 상태를 '소외'라고 정의했다. 장차 우리는 하나님과 분리된 소외 상태에서 100% 순도의 진정한 존재로 변해 있을 것이다. 그때 우리는 뒤도 돌아보지 않고 인생에 대해 마음에 품고 있던 수많은 질문과 모든 짐을 훌훌 털어 버리고 천국에 입성할 것이다. 그리고 환하게 웃으며 반기시는 예수 그리스도의 품에 안길 것이다.

토론 가이드

1. 인간관계, 돈, 건강 등 잃었던 것을 되찾거나 아직 회복 중에 있는 것은 무엇인가?

2. 인생의 목표를 정할 때 목표에 대해 오해하고 착각하기 쉬운 것은 무엇인가?

3. 살면서 반드시 회복해야 할 가장 중요한 것은 무엇인가?

4. 우리는 궁극적으로 어떤 소원을 가지고 어떻게 살아야 하는가?

1. 한글 성경은 신을 하나님이라고 번역한다. 성경에서 말하는 신, 즉 하나님은 다른 신들과 구별되는 창조신에 대한 배타적 칭호다.

2. 빅터 프랭클, 《삶의 의미를 찾아서》(서울: 청아출판사, 2005).

3. 빅터 프랭클, 《극한 상황 속의 인간심리분석》(서울: 한국크리스천문학가협의회, 1996).

4. 달라스 윌라드, 《하나님의 모략》(서울: 복있는 사람, 2007). p.102.

5. 같은 책, p.104.

6. 유진 피터슨, 《다윗, 현실에 뿌리박은 영성》(서울: IVP, 2011).

7. 같은 책.

8. James Henderson. "*Object relations and the doctrine of original sin*"(International Review of Psycho-Analysis, 1975), p.107-120.

9. 존 스토트, 《그리스도의 십자가》(서울: IVP, 2007).

10. 로버트 맥기, 《내 안에 위대한 나》(서울: 두란노, 2005).

11. 이안 로버트슨, 《승자의 뇌》(서울: 알에이치코리아, 2013).

12. 유진 피터슨, 《다윗, 현실에 뿌리박은 영성》(서울: IVP, 2011).

13. 래리 크랩, 《인간 이해와 상담》(서울: 두란노, 2011). p.170.

14. 오스 기니스, 《소명》(서울: IVP, 2014).

15. 맥스 루케이도, 《너는 특별하단다》(서울: 고슴도치, 2002).

16. 스탠턴 L. 존스, 리처드 버트만, 《현대 심리치료와 기독교적 평가》(서울: 대서, 2009).

17. 에리히 프롬,《사랑의 기술》(서울: 문예출판사, 2006).

18. 같은 책.

19. 헨리 클라우드, 존 타운센드,《No!라고 말할 줄 아는 그리스도인》(서울: 좋은씨앗, 2005).

20. SandageJ. & Williamson, I.S. *Forgivness in Cultural Context*.(New York: Routledge, 2005).

21. Worthington, Jr. E. *Five Steps to Forgiveness*(New York: Crown Publishers, 2001).

    Worthington, Jr. E. *Hand Book of Forgiveness*(New York: Taylor & Francis Group, 2005).

22. 정우현, "*The Influence of Acculturation, Religiosity, and Forgiveness Style on the General Health of Korean Americans*" (Virginia: Lynchburg, 2009). http://digitalcommons.liberty.edu/doctoral/222.

23. C. S. 루이스,《고통의 문제》(서울: 홍성사, 2002).

24. C. S. 루이스,《순전한 기독교》(서울: 홍성사, 2002).

25. 존 스토트,《그리스도의 십자가》(서울: IVP, 2007).

26. 같은 책.

27. 헨리 나우웬,《탕자의 귀향》(서울: 포이에마, 2009).

신은 ——— 사랑이다